WOGUO ZHIYE ZIGE PINGJIA
TIXI YOUHUA YANJIU

我国职业资格评价体系优化研究

基于政府—协会—企业协同的视角

孙美佳 著

上海人民出版社

序

随着新一轮科技革命和产业变革深入发展,高技术领域越来越成为国际竞争的最前沿和主战场,高水平科技人才培养和集聚能力也已经成为引领和重塑全球未来发展格局的关键变量。习近平总书记在党的二十大报告中强调,强化现代化建设人才支撑,实施更加积极、更加开放、更加有效的人才政策。党的二十届三中全会决定进一步强调,建立以创新能力、质量、实效、贡献为导向的人才评价体系。职业资格评价作为人才评价、人才培养、人才激励的重要方式,其重要性不言而喻。

职业资格评价的起源与社会分工细化、工业化进程以及专业化人才需求增长密切相关。传统农业社会,生产活动相对简单,职业种类有限,从业者技能多通过经验传承和师徒制来传递。随着工业革命的兴起,机器大生产逐渐取代手工劳动,生产过程变得复杂多样,对劳动者专业知识和技能提出更高要求。为了确保从业者具备相应能力以保障生产质量与安全,一些行业开始自发制定职业标准,并通过考试、考核等方式对从业者进行评价,这便是职业资格评价的雏形。例如,一些行会组织会对工匠技艺水平进行评定,只有达到一定标准的工匠才能获得相应认可和从业机会,这在一定程度上保证了行业内产品和服务质量。

现代社会,职业资格评价得到了进一步发展和规范。各国政府逐渐意识到职业资格评价对于规范劳动力市场、保障公共利益的重要性,开始介入并主导部分职业资格评价工作,通过立法等手段建立起完善的职业资格制度,尤其涉及公共安全、健康、国家主权等关键领域,如建筑、医疗、法律等。政府规定从业者必须取得相应职业资格证书才能合法执业,以确保国家安全和公众生命财产安全。同时,在一些国家,行业协会等社会组织也在职业资格评价中发挥着重要作用,它们凭借自身专业优势和行业资源,参与制定职业标准、组织培训与考核等工作,使得职业资格评价更加贴近行业实际需求,促进了职业资格评价体系多元化和专业化发展。以德国为例,以"双元制"为核心的职业资格培养与评价模式,将企业实践与学校教育紧密结合,通过严格的技能考核和理论测试,为工业生产输送了大量高素质技术人才,有力地推动了德国制造业崛起。如今,职业资格评价已成为世界各国人才开发和劳动力市场运行的重要组成部分,在促进就业创业、提升人力资源质量、推动经济社会发展等方面发挥着不可或缺的作用。

在我国,职业资格评价也经历了从无到有、逐步完善的过程。新中国成立初期,在计划经济体制下,我国主要通过国有企业内部岗位培训和技能评定来确定从业者能力水平。改革开放后,借鉴国外经验,我国逐步建立起适应社会主义市场经济的职业资格制度。从20世纪80年代开始,我国陆续颁布了一系列相关法规和政策,如《中华人民共和国注册会计师条例》等,标志着我国职业资格评价制度正式启动。此后,经过多年发展,职业资格评价体系不断扩充和细化,涵盖了众多行业、领域和职业。近年来,随着"放管服"改革的推进,我国职业资格评价制度在清理整顿不合理的职业资格、加强与国际接轨、促进多元化主体参与等方面取得了显著进展,更加注重评价的科学性、实用性和市场导向性,以满足经济社会高质量发展对各类专业人才的需求。

随着科技飞速发展、经济结构深度调整、传统产业加速升级,人工智能深入替代,传统职业迅速消失、新兴职业不断涌现,如AI行业的算法工程师、机器学习工程师、程序开发工程师、人工智能运维工程师、提示词工程师等,用人主体更加需要具有新技术、新知识和创新能力的人才。原有职业资格评价体系在评价标准科学性、管理规范性、企业自主性等方面逐渐暴露出不足,突出体现为分类评价不精准、评价标准单一僵化、评价方式手段落后、评价社会化程度不高、用人主体自主权落实不够等突出问题,难以满足市场对人才评价自主化、实用化、多样化、个性化的需求,也不利于人才的科学培养、合理激励与高效配置,亟待通过体制机制改革,构建具有中国特色和国际竞争力的现代职业资格评价体系。在此背景下,该书的出版可谓正当其时。

该书原稿为孙美佳在中国人事科学研究院博士后流动站的出站报告,我作为她的博士后合作导师,见证了她完成书稿的整个过程。孙美佳博士后在站期间,聚焦我国职业资格评价体系改革这一实践议题,探讨多元主体参与职业资格评价的理论基础与现实路径。她以协同治理理论为基础,打破传统仅关注职业资格评价单一主体或局部环节的局限,将政府、行业协会、企业等多元主体纳入统一的分析框架,深入探讨各主体在职业资格评价体系中的角色定位、职能分工与协同合作机制,倡导多元主体协同治理,为该领域研究与实践注入了新的视角与智慧。这一视角不仅契合现代治理理念的发展趋势,更从根源上为解决职业资格多元评价的复杂性问题提供了理论阐释。

本书研究内容丰富且深入,逻辑架构严密,层层递进。在借鉴国外经验部分,作者对日本、英国、德国等国职业资格制度进行了全方位、多维度比较研究,深入分析了各国在专业能力获取、人才储备方式、职业标准制定、资格评价实施以及管理主体侧重等方面的差异与共性,精准地提炼出职业资格制度与教育制度相互衔接、教育培训与考试评价权力分立、多元主体协同治理趋势、分类监管分类治理成为主流、以法律框架指导职业资格管理工作等具有普遍适用性的共性规律,为我国职业资格评价体系改革提供了丰富国际视野和有益经验参考。

作者揭示了职业资格制度本质上是行业专业化人才管理问题,从政府、市场与中介三个层次探讨了职业资格体系构建一般逻辑,阐述了政府监管、行业自律和协会参与在职业资格管理中的作用,构建了我国职业资格协同治理的理论框架和实践路径。在此基础上,本书详细分析了政府、企业、行业协会等多元主体在职业资格协同治理体系中的角色定位、参与依据、自身局限以及协作模式。根据职业安全性和技能专属性两个维度,作者创造性地提出了职业资格评价的多元主体分工协作策略,对应了评价主体、标准设计、考试发证、持证人管理等环节的差异化实践。

此外,针对我国行业协会行政化倾向、授权主体不明、会员参与不足等现实困境,作者还指出了行业协会承担职业资格职能需要把握的关键问题,从评价主体资质监管、调动评价主体积极性等方面,提出了完善我国职业资格评价体系的现实路径和政策建议。

本书的研究结论与对策建议有助于优化我国职业资格评价体系的管理体制和运行机制,提高职业资格评价的科学性、公正性和有效性,还能够更好地促进人才培养与市场需求紧密对接,对于激发行业协会、企业等各方参与职业资格评价的积极性和主动性,激发人才创新活力,营造良好社会氛围具有重要启示。

总体而言,本书是一部在职业资格评价体系领域具有重要影响力的学术佳作。它不仅丰富和完善了我国职业资格评价体系的理论研究,填补了相关领域研究空白,更为我国职业资格评价体系改革实践提供了强有力的理论依据。相信本书的出版将引发学术界、政府部门、行业协会、企业对职业资格评价体系的深入思考与广泛参与,有助于推动我国职业资格评价体系的优化与完善进程。

吴　江

(中国人事科学研究院原院长、研究员、博士生导师)

目录

Contents

绪　论

第一节　研究背景与问题提出

一、思想指引

党的二十大报告指出,"培养造就大批德才兼备的高素质人才,是国家和民族长远发展大计"。①党的二十届三中全会进一步强调,教育、科技、人才是中国式现代化的基础性、战略性支撑,统筹推进教育科技人才体制机制一体改革。②习近平总书记在各种场合反复强调"科技是第一生产力、人才是第一资源、创新是第一动力"的理念,把建设战略人才力量作为重中之重来抓,明确了"努力培养造就更多大师、战略科学家、一流科技领军人才和创新团队、青年科技人才、卓越工程师、大国工匠、高技能人才"③的具体目标。

习近平总书记倡导"人人皆可成才"的理念。他指出,要树立强烈的人才意识,寻觅人才求贤若渴,发现人才如获至宝,举荐人才不拘一格,使用人才各尽其能。④他尤其强调"创新不问出身,英雄不论出处",多次要求在人才工作

---

① 习近平:《高举中国特色社会主义伟大旗帜　为全面建设社会主义现代化国家而团结奋斗——在中国共产党第二十次全国代表大会上的报告》,《党的二十大报告辅导读本》,人民出版社2022年版,第33页。
② 《中共中央关于进一步全面深化改革　推进中国式现代化的决定》,中国政府网,2024年7月21日。
③ 习近平:《高举中国特色社会主义伟大旗帜　为全面建设社会主义现代化国家而团结奋斗——在中国共产党第二十次全国代表大会上的报告》,《党的二十大报告辅导读本》,人民出版社2022年版,第36页。
④ 本书编写组:《聚天下英才而用之——学习习近平关于人才工作重要论述的体会》,中国社会科学出版社、党建读物出版社2017年版,第37页。

中打破固有偏见、打破僵化标准，让所有人都有机会成为人才。很长一段时间以来，社会上对人才的衡量标准存在标签化趋势，将人才狭义上定义为高学历、高职称、研究成果多的人，例如有的人认为人才只可能在大学生中出现，或者认为各行业中的精英才能被称为"人才"，普通人员只能算作"从业者"。传统的评价标准导致一部分"田秀才""土专家"被埋没，造成人才资源浪费。"人人皆可成才"肯定了每个人潜能的无限性，体现出人才的多样性和多元化，打破刻板印象才能正确评价人才，为国家发展和社会进步挖掘更多"潜力股"。习近平总书记提出，要"破四唯"和"立新标"并举，加快建立以创新价值、能力、贡献为导向的科技人才评价体系。①党的二十届三中全会中又进一步提出，建立以创新能力、质量、实效、贡献为导向的人才评价体系。②

习近平总书记强调要尊重人才成长规律，按照人才成长规律改进人才培养和评价机制，避免急功近利，拔苗助长。习近平总书记指出，用人得当，要用当其时，用其所长。③他引用"骏马能历险，力田不如牛。坚车能载重，渡河不如舟"的典故，说明用才应用其所长的道理。要使人才能将自己的主要精力放在创新事业发展的关键点上，"对待急需紧缺的特殊人才，要有特殊政策，不要求全责备，不要论资排辈，不要都用一把尺子衡量，让有真才实学的人才英雄有用武之地"。④根据人才的成长规律，习近平总书记指出，一定要抓住选才用人的关键时间节点，要在人才创新活力处于最活跃的高峰期使用人才，让人才在脑力、精力、创造力最旺盛的阶段发挥作用。

习近平总书记强调，实践与学习对于人才的关键价值，通过实践与学习不断增长本领和才干。要让人才深入基层、深入实际、深入群众，在改革发展的

①　习近平：《加快建设科技强国，实现高水平科技自立自强》，《论科技自立自强》，中央文献出版社2023年版，第10页。
②　《中共中央关于进一步全面深化改革　推进中国式现代化的决定》，中国政府网，2024年7月1日。
③　习近平：《在全国组织工作会议上的讲话》，《十八大以来重要文献选编（上）》，中央文献出版社2014年版，第344页。
④　习近平：《深入实施新时代人才强国战略　加快建设世界重要人才中心和创新高地》，《人民日报》2021年9月29日。

主战场、维护稳定的第一线、服务群众的最前沿砥砺品质、提高本领，①发挥作用。同时，习近平总书记还反复强调学习对于成长成才的重要性，在中央党校建校 80 周年庆祝大会暨 2013 年春季学期开学典礼的讲话中指出，"事业发展没有止境，学习就没有止境"，②人才必须时刻保持"本领恐慌"的忧患意识与紧迫感，结合新形势不断更新知识、扩充技能，唯有不间断地持续充电，方能不间断地持续释放能量。因此，习近平总书记建议，"通过改革，改变以静态评价结果给人才贴上'永久牌'标签的做法，改变片面将论文、专利、资金数量作为人才评价标准的做法"，③用动态发展的眼光评价人才、激励人才。

习近平总书记强调，要深化人才发展体制机制改革，实施更加积极、更加开放、更加有效的人才政策。在中央人才工作会议上，习近平总书记对当前中国的人才工作形势进行了判断，"我国人才工作同新形势新任务相比还有很多不适应的地方……人才政策精准化程度不高，人才发展体制机制改革还存在'最后一公里'不畅通的问题"。④他倡导一种以信任为基础的人才使用机制，允许失败、宽容失败，倡导"揭榜挂帅""赛马"制度，实行目标导向的"军令状"制度。"揭榜挂帅"已经成为发挥竞争机制帮助人才脱颖而出的重要制度安排，让更多千里马竞相奔腾。

习近平总书记强调，要全面提高人才自主培养质量。他指出："中国是一个大国，对人才数量、质量、结构的需求是全方位的，满足这样庞大的人才需求必须主要依靠自己培养，提高人才供给自主可控能力"，⑤一定要走适合本国实

---

① 习近平：《在全国组织工作会议上的讲话》，《十八大以来重要文献选编（上）》，中央文献出版社 2014 年版，第 349 页。

② 习近平：《第四批全国干部学习培训教材〈序言〉》，《人民日报》2015 年 2 月 28 日。

③ 习近平：《在中国科学院第十九次院士大会、中国工程院第十四次院士大会上的讲话》，《论科技自立自强》，中央文献出版社 2023 年版，第 207 页。

④ 习近平：《深入实施新时代人才强国战略 加快建设世界重要人才中心和创新高地》，《论科技自立自强》，中央文献出版社 2023 年版，第 264 页。

⑤ 习近平：《深入实施新时代人才强国战略 加快建设世界重要人才中心和创新高地》，《论科技自立自强》，中央文献出版社 2023 年版，第 274 页。

际情况的特色自主培养道路,以德育为先,树立和落实价值引领、知识探究、能力建设、人格养成"四位一体"的人才培养理念,①才能牢牢抓住人才培养的自主权,切实提升人才供给的自主可控能力,从而满足实现中华民族伟大复兴对人才数量、质量、结构、能力、素质的全方位需求。

职业资格评价作为专业化人才评价制度的重要组成部分,是鉴别人才、配置人才、激励人才的重要途径和方式,在人才选用、人才培养、人才激励等方面发挥了重要作用。习近平总书记强调,我国人才发展体制机制一个突出问题是人才评价体系不合理。②人才评价涉及职称制度、职业资格制度、人才认定等诸多方面,一定要在开放、多元、科学、规范的基础上,拓宽人才评价的视野与渠道,充分发挥人才评价的导向作用。③完善人才评价体系,首先要科学设定人才评价标准,针对不同人才群体进行分类管理、分类评价,"基础前沿研究突出原创导向,社会公益性研究突出需求导向,应用技术开发和成果转化评价突出市场导向",④不搞一把尺子量到底,尊重人才的多元化发展。人才评价常常与创新资源的分配相连接,习近平总书记指出,"避免简单以学术头衔、人才称号确定薪酬待遇、配置学术资源的倾向"。⑤

习近平总书记的人才工作理念,为中国职业资格评价体制机制改革指明了方向。以习近平新时代中国特色社会主义思想为指导,中国职业资格评价体制机制改革需要以"破四唯"与"立新标"并举为总体目标,探索习近平新时代中国特色社会主义思想中的世界观与方法论在中国职业资格评价体制机制改革等现实问题中的贯彻与应用,着力破解理论与实践的双重难题。

① 党评文:《坚定走好人才自主培养之路》,《学校党建与思想教育》2021年第19期。
② 习近平:《深入实施新时代人才强国战略,加快建设世界重要人才中心和创新高地》,《论科技自立自强》,中央文献出版社2023年版,第271页。
③ 广州市人才工作领导小组办公室:《用好人才评价指挥棒》,《中国人才》2021年第6期。
④ 习近平:《深入实施新时代人才强国战略　加快建设世界重要人才中心和创新高地》,《求是》2021年第12期。
⑤ 同上。

二、现实背景

近年来,在"放管服"改革要求下,国务院先后分七批取消434项没有法律法规或国务院决定作为依据的准入类职业资格,占国务院部门设置职业资格总数的70%以上①。2019年12月,国务院常务会议决定开始分步将水平评价类职业资格移出国家职业资格目录,推行社会化职业技能等级认定。②现行《国家职业资格目录》(2021版)由专业技术类职业资格和技能人员职业资格两部分组成。其中,专业技术类职业资格59项,其中准入类职业资格33项,水平评价类26项;技能人员职业资格13项,3项为水平评价类职业资格外,其余均为准入类职业资格。

为鼓励水平评价类职业资格采用社会化方式进行考评和鉴定,国家人力资源和社会保障部先后出台《行业组织有序承接专业技术人员水平评价类职业资格具体认定工作实施办法》和《关于支持企业大力开展技能人才评价工作的通知》,鼓励行业组织、企业等各类主体自主开展职业资格评价工作。这些改革举措已基本奠定中国职业资格评价制度的总体框架,有效纠正很长一段时间以来我国职业资格证书过多过滥、就业门槛过高等问题,不仅为职业资格评价制度优化奠定了良好现实基础、营造了良好社会氛围,也对职业资格评价体系改革的科学性、系统性和深入性指明了方向。

近年来,国家相继出台《关于加强新时代高技能人才队伍建设的意见》《"技能中国行动"实施方案》《高技能领军人才培育计划》等政策,旨在将职业技能培训作为保持就业稳定、缓解结构性就业矛盾的关键举措,以促进我国经济转型升级和高质量发展。而职业资格评价作为职业技能培训质量的检验标准,很多情况下也是职业培训补贴的发放依据,对加快建设知识型、技能型、创新型劳动者大军更具有不可替代的关键作用。

① 童天:《建立分类分层的技能人才评价机制》,《中国组织人事报》2020年6月30日。
② 范巍:《形成以市场为导向的技能人才培养使用机制》,《中国组织人事报》2020年7月2日。

但是一些原由政府行政部门组织开展的职业资格评价被清理,而中介组织、行业组织、学校、培训机构、企业、用人主体等专业化社会机构的力量尚未完全调动起来,很多专业技术岗位和技能类职业资格面临着无证可考的尴尬局面,亟需充分调动各种社会力量,对我国职业资格体系进行补充、改革与完善,以适应我国人才强国、教育强国、科技自立自强和创新驱动发展战略要求。同时,当前我国的职业资格评价仍然存在分类评价不足、评价标准单一、评价手段趋同等突出问题①,其根源仍然在于评价主体单一、社会化力量参与不足、评价社会化程度不高、用人主体自主权落实不到位。

随着第四次工业革命的不断推进,智能化时代的新篇章开启,在信息技术重构产业发展方式的同时,人才技能供给与产业发展需求之间结构化矛盾逐渐凸显,人才技能不适应智能经济发展的问题日渐突出。需要针对这些现实问题对职业资格评价体系进行顶层设计,完善职业资格评价制度的管理体制和运行机制,健全市场化、社会化、专业化职业资格评价体系,以促进我国职业资格制度的健康、有序、长远发展,为"科技创新""人才强国""技术强国"战略提供重要人才支撑。

三、 理论进展

职业资格评价是世界各国普遍采用的人才管理制度,能够在很大程度上改善劳动力市场中雇佣双方关于劳动者人力资本保有量的信息不对称,提高人力资源引进、培养、使用、评价的效率。

1. 国际经验

国际上,德国、英国、日本、澳大利亚等国家在职业资格评价体系设计与改

---

① 中共中央办公厅、国务院办公厅:《关于分类推进人才评价机制改革的指导意见》,http://www.gov.cn/zhengce/2018-02/26/content_5268965.htm。

革领域进行了大量探索尝试,已经建立各具特色的职业资格评价制度,为我国职业资格评价体系构建与优化提供了丰富的国际经验,为我国改革发展提供了启示与借鉴。

有研究表明,19世纪末20世纪初,德国、英国、日本、澳大利亚等国家的技术密集型行业在职业资格评价体系制度安排上采取了大体相似的行动战略。但在随后的发展中,这些国家的政治经济文化环境出现了明显差异,从此在技能形成路径及职业资格评价体系构建上各具特色,出现了多样化的模式(Thelen,2010)。

德国工业化早期,国家积极推动手工业部门组织化,形成手工业行业协会,并赋予它们职业资格认证的特殊权力。这种在职业资格认证及技能培训监管上的制度安排使德国厂内培训体系得以稳定下来。在此条件下,在技能标准制定方面,德国奉行以"师徒制"为核心的技能传承体系,行业协会是技能标准制定的重要主导力量。在职业资格教育培训方面,行业协会不仅具有企业培训管理职能,而且还具有直接进行培训的功能,负责培训、考试、发证,[①]发挥了不可替代的作用。同时,德国将职业资格体系实行三级负责制,即政府对职业教育进行宏观管理,各行业主管部门自治管理,企业或其他雇主组织自行组织实施。[②]从管理体制上,德国采用经济部和教育部双元管理体制,国家负责确立职业教育相关法律,由经济部和教育部负责具体管理实施。

在英国工业化早期,职业工会力量得以壮大。虽然英国技能培训也采取师徒制,新员工培训由技能熟练的工匠负责,但职业工会与技能依赖型企业协会之间一直就师徒制的主导权展开争夺。英国职业资格体系的核心问题在于瓦解工会对生产现场的控制从而实现企业管理层在其中的控制权。因此,在技能标准制定方面,英国以行业为单元,产业指导机构负责本行业国家职业资

---

① 李敏谊、姚云:《国家职业资格证书制度的国际比较》,《大学(学术版)》2010年第9期。
② 高育奇:《德国职业教育的特色及其对我国职业教育的启示》,《教育与职业》2007年第21期。

格标准制定和完善,重视市场导向和企业需求。在职业资格教育培训上,英国实行职业资格证书与学历证书等值承认制度,大大拓宽了职业技术实践与系统理论知识的交流渠道。英国将职业资格与教育资格纳入同一框架体系,以职业操作标准为基础,根据行业认定的职业能力与成绩标准划分职业大类,形成一套多元参与、注重实效、等值认可的职业资格评价制度。工作体制机制上,英国成立了由国家职业资格委员会、产业指导机构、证书机构和鉴定站等多元主体共同参与的工作体系,国家职业资格委员会负责国家职业资格证书的宏观工作,行业协会、学校、企业及其他相关社会组织和团体也在这一过程中协同发挥作用。

在日本工业化早期,国家政策有两个重点:一是积极解散传统手工业企业雇主协会,二是打压新兴职业工会,工会逐渐被企业内部化,形成企业内工会,与终身雇佣制、内部劳动力市场机制等积极雇佣政策一起形成日本企业处理劳动关系的三大神器。一系列政策瓦解了雇主协会和职业工会的力量牵制,解放了技能人才市场活力,促进了以企业为主导的学徒制培训。在日本,传统工匠在工业部门技能供给上发挥了关键作用,这些工匠师傅手下有自己的技术工人以及自己培训的学徒工,他们与企业之间形成的并非传统雇佣关系,而是业务外包合作关系。换言之,企业将生产任务承包给传统工匠师傅,工匠师傅则以独立主体的角色给企业提供技能资源,这就形成与其他国家不同的"工匠师傅体系"。该体系中,工匠师傅承担技能培训和职业资格认证职能,发挥了与德国手工业协会及英国技术工人工会相似的功能。

澳大利亚的职业资格评价制度更侧重于对新兴行业的引导和培育(比如金融业和通信业)。该制度将技术教育与继续教育相结合,把学历教育与岗位培训相结合,从而建立了新型职业资格培训制度。该模式以市场需求为导向,有效地满足工业部门、行业协会和雇主对专业人才的技能需求。在评价标准制定方面,政府协调设立若干全国性行业培训咨询组织,这些组织进行本行业就业需求预测和职业分析,制定职业能力标准。①在职业资格教育培训方面,澳大利亚的高中、高等职业教育、普通高等教育以及职业技术教育和成人教育之间相互打通、相互补充,形成具有梯次结构的有机网络。管理体制上,澳大利亚建立了全国统一的资格认证框架(Australia Qualification Framework),证书由注册培训机构颁发。

2. 国内理论探索

国内学者也就职业资格评价问题进行过相关理论与实践探索。一些研究集中对高校科研人员和科技人才评价问题进行探讨,在分类评价、同行评价与代表作制、多元主体参与等理念上已基本达成共识。郦解放等以组织场域视角探讨人才评价的治理路径,发现当前人才评价领域仍存在制度逻辑冲突、机制要素失灵、行政运行低效等现实困境,认为人才评价场域是由多类行动者参与、多重制度逻辑并存、多门学科交叉、多种社会关系交织而成的实践空间,需要将众多参与主体和实践要素统筹考量,以多元治理主体协同治理来提高职业资格评价的科学性与有效性。②袁景蒂从工具理性与对话理性双重视角审视我国高校科研人才评价问题,锁定为"工具理性僭越、对话理性式微的结构化矛盾",认为形成根源在于:时空抽离下的系统整合加剧工具理性膨胀,行为惯例导致被评价者话语意识缺失,倡导一种基于对话、协商的评价理解范式,以促进多元评价主体权利再分配。③吉富星等聚焦高校高层次人才评价问题,提出完善评价主体多元动态参与机制,提升共同治理能力,提升精准评价的效度。④田军等以陕西省科技人才评价为聚焦,探索人才评价指标与评价方法的

① 李敏谊、姚云:《国家职业资格证书制度的国际比较》,《大学(学术版)》2010 年第 9 期。

② 郦解放、陈衍泰、池仁勇:《高校科技人才评价:组织场域视角的治理路径》,《中国高校科技》2023 年第 1 期。

③ 袁景蒂:《高校科研人才评价理论·反思·重构——基于工具理性与对话理性的视角》,《中国科技论坛》2022 年第 3 期。

④ 吉富星、崔雨阳、张菲尔:《新时代高校高层次人才评价的逻辑和路径研究》,《国家教育行政学院学报》2023 年第 5 期。

科学设置,建议根据不同评价领域推行分类化评价机制,形成政府、第三方机构等多重评价主体相结合的评价格局。①杨芳和陈劲关注中国基础研究人才评价机制,认为我国在评价指标设计、评价频次和周期、个体评价与集体评价、过程规范化、"立新标"等方面仍然存在短板,倡导构建基于信任、体现支持的人才评价机制。②

　　一些学者聚焦我国职业资格评价制度的历史演进,分别从制度特征、机制冲突、演进方向等方面进行理论探索。萧鸣政和陈新明系统梳理中国人才评价体系发展七十年历程,发现体系内部各制度之间契合性、配套性和协同性不够,促进与提升人才评价主体能力相关制度缺失等问题仍然存在。③唐慧等系统梳理我国技能人才评价制度的历史演进,认为其整体演进呈现衔接性、发展性、多元性特征,尤其是针对技能人才的职业资格评价存在国家管理与机构实施的矛盾和冲突,倡导在评价主体、评价形式、评价标准、制度格局方面的多元化。④吕尚敏从政府部门清理职业资格的角度探讨了准入类职业资格的设定原则,认为应当从设立目的、风险等级、市场是否失灵、有无替代性管制措施等要件进行综合考量。⑤彭振宇梳理我国技能领域职业资格证书制度的历史演进,将其划分为八级工制度、工人技术等级考核制度、职业资格证书制度、国家职业资格目录制度、职业技能等级制度等五个阶段,认为职业资格评价仍然面临着权威性、通用性、针对性等方面的挑战。⑥甘宇慧等通过政策工具分类法的研究发现,我国人才评价政策以政府决策为主导,社会力量参与程度相对较低;

① 田军、刘阳、周琨等:《陕西省科技人才评价指标体系与评价方法构建》,《科技管理研究》2022年第4期。

② 杨芳、陈劲:《中国基础研究人才评价机制改革趋势、问题挑战与对策建议》,《科技管理研究》2024年第15期。

③ 萧鸣政、陈新明:《中国人才评价制度发展70年分析》,《行政论坛》2019年第4期。

④ 唐慧、王继平、刘锦:《我国技能人才评价制度的历史演进、当下构建及逻辑发展》,《职业技术教育》2022年第13期。

⑤ 吕尚敏:《职业资格许可的设定范围研究》,《广西大学学报》(哲学社会科学版)2017年第4期。

⑥ 彭振宇:《我国职业资格证书制度的历史回溯及述评》,《中国职业技术教育》2021年第19期。

政策工具使用量呈阶段递增趋势等特征。①魏华颖和宋嘉菲从人才工作视角审视我国职业资格评价工作,认为应当增强职业资格和学历资历的衔接,提升职业技能培训和学历教育的连贯性。②

还有一些学者从新技术应用对人才评价的助力与挑战角度,前瞻性预判人才评价理念、评价方式的发展趋势。陈潇倡导职业资格评价信息化建设,建议推动评价数据资源开放与整合,促进评价服务创新供给。③潘娜等认为职业资格是职业信用的重要载体。数字时代,现代信息技术作为"信用"数据流转的媒介,可有效破除信息不对称困境,从而有助于实现职业信用嵌入国家职业资格评价体系。④井辉和范雨薇则探索区块链技术在人才评价领域的应用模式,区块链技术具有去中心化、开放、匿名性等优势,保证链上数据的透明公开与不可篡改性,确保人才评价的全面准确、高效便捷、科学严谨。⑤蒋华林前瞻性地探讨人工智能聊天机器人(Chat GPT、Microsoft Bing 等)对人才成长与人才评价可能产生的影响,新技术应用可以帮助知识生产者从非创造性劳动中获得解放,但在提供正确事实或可靠参考文献方面不能被信任,很可能导致"一本正经胡说八道"式的伪创新。同时,这类技术的深度应用,也会形成一批揠苗助长的伪人才,其成果形成"没有伴随着自己在该领域的经验的真正增加",使结果导向的人才评价机制失灵。⑥

---

① 甘宇慧、侯胜超、邹立君:《政策工具视角下我国科技人才评价政策文本分析》,《科研管理》2022年第3期。
② 魏华颖、宋嘉菲:《人才工作视角下我国职业资格体系的优化建议》,《中国行政管理》2022年第7期。
③ 陈潇:《关于推动职业资格评价信息化建设的探索》,《劳动保障世界》2019年第35期。
④ 潘娜、仇晨昊、黄颀:《职业信用嵌入国家职业资格证书的叙事逻辑与共进路径》,《中国行政管理》2024年第9期。
⑤ 井辉、范雨薇:《区块链技术在人才评价领域的应用模式研究》,《科技和产业》2023年第5期。
⑥ 蒋华林:《人工智能聊天机器人对科研成果与人才评价的影响研究——基于 Chat GPT、Microsoft Bing 视角分析》,《重庆大学学报》(社会科学版)2023年第2期。

四、 问题提出

纵观德国、英国、日本等国外经验与国内理论探索,职业资格评价体系构建不能仅依靠政府单一主体发力,而是人才、企业、行业协会等多元利益主体博弈所形成的制度性匹配(Institutional complementarities)(Thelen,2010)。我国职业资格评价体系也离不开"政府—行业协会—企业"等多元主体协同参与,不仅需要激活用人单位主体作用,还要发挥行业协会在行业自治管理中的关键性作用。尤其是行业协会,是衔接政府与企业的桥梁,是完善职业资格制度的重要载体。

然而,现实中,我国各类职业资格评价标准与用人主体实际需求相去甚远,用人主体在职业资格评价标准制定方面缺少必要的话语权。同时,中国很多行业协会脱胎于行政组织,常带有显性或隐性的行政管理思维,擅长管理,不擅长治理,在一定程度上还存在角色越位、角色错位、角色不到位的情况。职业资格治理模式与各类主体职能边界等基础性问题还有待进一步厘清,在实践探索的同时,需要同步进行机制机理研究,以作为我国职业资格评价体系改革的理论支撑。

第二节　研究思路与研究方法

一、 研究目的

研究目标包括以下几个方面:

首先,构建职业资格评价体系协同治理框架。借鉴协同治理理论,理顺政府、企业、行业协会的职能边界,初步提出我国职业资格评价体系协同治理框架,从而厘清分层分类开展职业资格评价工作的现实必要性与可行性,探索我国职业资格评价体系分类管理、协同治理的分析框架与分类标准。

其次,解构多元主体在职业资格评价体系中的角色定位与作用机制。政府、行业协会、企业,由于组织性质不同,在职业资格评价体系中职能定位也会有不同侧重。尤其关注行业协会这一关键中间环节,找到其在承担职业资格职能时存在问题的症结,挖掘行业协会承担职业资格职能的动力机制,探索行业协会在维护从业者权益、代表企业权益、遵守国家标准方面的作用与机理,为行业协会承担职业资格职能寻找改革方向、制度依据与实践对策。

最后,提出激励规范职业资格评价工作若干建议与现实举措。根据角色主体定位、分工与权力制约,设计职业资格分类管理的具体思路和措施。同时,探索行业协会培育策略,以推动行业协会在职业资格评价体系中发挥更大的功能与价值。

二、 总体框架

根据研究目标,设计了本书逻辑框架,如图 0.1 所示。本书从我国职业资格评价体系面临的现实问题出发,以国际经验和理论指导双重驱动,探寻职业资格评价体系构建的一般逻辑,以行政逻辑(政府)、市场逻辑(市场)和中间机制(行业协会)三个角度对职业资格评价问题进行深入解读,发现借助中间机制构建职业资格协同治理框架是职业资格评价体系改革的题中应有之义。在此基础上,探索我国职业资格协同治理体系的应然框架,分析多元主体共同参与的角色定位、职能承担和分工协作模式,最终形成完善我国职业资格协同治理体系的现实路径。重点包含以下研究内容:

1. 职业资格评价体系的国际比较及其经验启示

将对不同国家职业资格评价体系制度场域特点及其演变历史进行研究,通过对不同国别的职业资格评价体系进行比较,梳理每种模式的体系特征、适用条件,梳理政府、企业、行业协会等多元主体的角色定位、职能分配、关系协

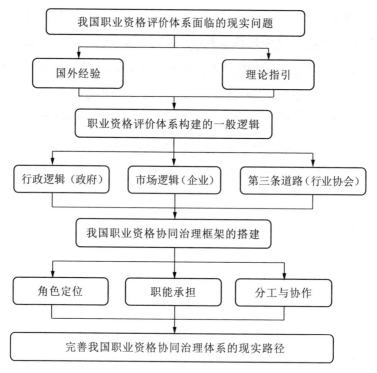

图 0.1   本书的总体框架

作,及对该国专业化人才培养的现实影响,从而总结可供我国职业资格评价体系借鉴的经验与启示。

2. 搭建"政府—行业协会—企业"协同治理框架

从职业资格评价体系构建的角度看,政府相关部门、行业协会与企业(用人单位)分别扮演着不可或缺的角色。三者的不同定位也决定了它们制定职业资格标准的依据与侧重。建立科学职业资格评价体系,其根源是要理顺政府与市场的边界,明确政府、行业协会、企业的职能定位,建立三者协同治理的职业资格评价格局,从而释放市场活力。

然而,理论界对政府、行业协会、企业的角色定位仍不清晰,实践领域三者功能定位也存在角色错位、角色越位和角色不到位的情形,妨碍了职业资格评价体系的科学构建与精准施策。本部分将引入协同治理理论,对"政府—行业协会—企业"多元主体的应然角色进行系统描述,初步提出多元主体职能配置框架,以寻求完善我国职业资格评价体系的突破口。

3. 行业协会承担职业资格评价职能的运行机制研究

在职业资格评价体系构建中,行业协会能否承担以及在多大程度上承担其应然角色,取决于行业协会内部运作机制是否健全,以及是否与其承担的职能相匹配。本部分通过对行业协会内部运作机理及其现状进行分析,提出行业协会承担职业资格职能需要把握的重点难点问题。

4. 公共政策视角下多元评价主体的规范与培育

在协同治理框架下,职业资格评价不再是政府的单一垄断行为,而应当是多元主体的协同参与。行业协会的改革方向是作为独立第三方,协调职业资格政府标准与企业标准之间的权衡关系,从而保障安全公正的底线原则(政府标准)与降本增效的效率原则(企业标准)有效兼顾,获得行业中多元主体普遍认可。行业中领军企业代表了专业技术领先标准,也应当有权利获得职业资格评价的主体资质,从而帮助行业筛选高于平均水平的高素质人才。而在此过程中,政府相关部门需要对各类主体的公正性进行监督、检查和指导,从而确保各类职业资格评价认证具有客观公正性和社会公信力。最后从政府公共政策角度,探索政府如何规范、引导、监督、培育各类职业资格评价机构,如何调动各类主体积极性,使其在职业资格评价体系中发挥不可替代的关键作用,创新职业资格评价制度的体制机制,从而为优化我国职业资格评价体系提供参考。

三、 技术路线

本书沿着"理论研究—机理研究—政策研究"的技术路线,用到以下研究方法,就我国职业资格评价协同治理体系的构建展开问题讨论(见图0.2)。

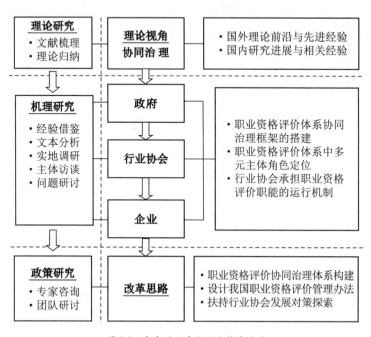

图 0.2   本书的研究方法与技术路线

1. 文献梳理和理论归纳

通过 Elsevier，EBSCO，JSTOR，Emerald，Wiley，CNKI 等数据库进行文献检索,及时跟踪国内外职业资格制度、人才评价、协同治理领域的学术前沿和实践经验,并为各阶段研究奠定基础。重点分析代表性国家(日本、英国、德国)职业资格评价体系构建的内在逻辑,以为我国职业资格评价体制机制改革提供重要参照。

2. 内容分析、文本分析和二手资料梳理

分析职业资格制度的国家政策、法规、指导意见,行业规范等文件资料。重点关注《关于深化人才发展体制机制改革的意见》《关于分类推进人才评价机制改革的指导意见》等相关指导性文件、《职业资格证书制度暂行办法》《职

业技能鉴定规定》等规范管理职业资格制度的代表性文件和函复,以及《关于加快推进行业协会商会改革和发展的若干意见》等指导行业协会发展等指导性文件和地方法规。累计共分析整理相关文件、部门规章等 80 余份,分析梳理相关新闻报道 30 余篇。

3. 访谈座谈与调查研究

选择具有代表性的政府职能部门,通过访谈、座谈等方式,探索国家在职业资格管理过程中遇到的阻力问题,行业协会在职业资格评价体系构建中普遍存在的问题,企事业单位等用人主体在职业资格证书使用过程中的问题与困惑,从而帮助厘清职业资格评价工作的痛点难点问题,以及分类开展职业资格评价工作的整体思路。累积访谈政府相关部门工作人员、在职领导、退休领导约 20 人次,行业协会会长、副会长约 15 人次,行业协会工作人员 8 人次,企事业单位的用人主体代表 30 人次。

4. 案例研讨与共性分析

选择具有代表性的行业协会,通过访谈等方式,收集一手资料。描述多元角色在职业资格评价体系中的当前角色、存在问题和改进方向。从二手资料中梳理行业协会的管理体制和运营机制,挖掘行业协会承担职业资格评价职能的动力机制与价值空间。通过访谈和二手资料梳理的方式分析典型行业协会,分别是中国银监会、律师协会、会计师协会、信息与法律协会、资产评估协会、上海航天局工会、执业药师资格认证中心。

5. 专家咨询和团队研讨

总结职业资格评价体系构建实践中的已有经验,针对访谈调研中收集到的体制机制障碍,进行专家咨询和团队研讨,破除思想局限,进行头脑风暴,分层分类提出政策优化与实践优化的对策建议。累积咨询相关领域专家 15 人次,参与团队研讨 6 次。

第三节　章节设置与研究价值

一、章节设置

根据研究目的与研究设计,本书共包括以下章节。

绪论,主要阐述本研究的缘起,梳理习近平总书记关于人才工作的理念与观点,作为职业资格评价体系改革的思想指引。分析我国职业资格制度改革的现实背景与理论前沿,提出职业资格体系面临的主要问题。围绕研究问题设定,讨论本书的研究目标、总体框架和技术方法。总体介绍每个章节的具体内容,讨论研究价值和可能的创新点。

第一章我国职业资格评价体系的制度场域。包括三个部分:首先,对职业资格内容体系进行梳理,解读职业资格的内涵、分类和法律效力。其次,对职业资格管理体系进行归纳,重点描述职业资格管理的流程和环节,厘清职业资格管理的主要任务。第三,对我国职业资格体系进行梳理,重点把握规范管理职业资格的法律、行政法规、指导性文件三个层次。

第二章我国职业资格评价体系的总体概况与现实问题。以我国职业资格发展实践为出发点,分析我国职业资格评价体系的历史沿革、阶段性成效和存在的主要问题,作为制度改革的现实基础和目标靶向。

第三章国外职业资格体系的经验借鉴。重点梳理日本、英国、德国在职业资格制度上较为成功的先进经验,分别从优势特色、基本框架、管理体制、行业协会的作用发挥等角度对他国经验进行梳理总结。

第四章国外职业资格体系的共性趋势。在第四章的基础上,重点集中在不同国别经验之间的特征比较,分析各国政府在职业资格管理中的职能差异,据此总结出职业资格管理的三种模式。在分析异同点的同时,重点把握各国在职业资格管理中的相同点，作为共性趋势，为我国职业资格体系改革提供借鉴。

第五章职业资格评价体系构建的一般逻辑。职业资格管理本质上是对行业中专业技术人才的管理，从行业管理的视角、原理出发讨论职业资格评价活动，发现政府、市场的单一视角都无法解决职业资格评价的问题，探索行业协会的第三方路径、形成职业资格评价协同治理框架，是解决当前问题的有效途径。

第六章我国职业资格协同治理格局的多元角色定位。从多元参与者的组织属性、参与依据与自身局限三个角度探讨多元参与者在职业资格评价体系中的辩证角色。

第七章我国职业资格协同治理体系中的多元协作。讨论各主体在协同治理框架中可能扮演的角色与承担的职责，并深入分析各主体间的分工依据，以及不同种类职业资格评价中各主体间的协同模式，形成职业资格分类管理的初步思路。

第八章行业协会承担职业资格评价职能需解决的关键问题。抓住协同治理体系中的关键角色——行业协会，集中讨论行业协会在职业资格协同治理体系中的制度逻辑、体制机制障碍和需要把握的重点难点问题，尝试为行业协会突破体制机制局限、切实承担职业资格评价职能扫清障碍。

第九章完善我国职业资格评价体系的现实路径。综合各章节的研究成果，为我国职业资格协同治理体系的现实运行提供对策性讨论。系统阐明我国职业资格改革的总体思路，实施职业资格分类评价的具体措施，鼓励各类主体积极参与职业资格评价工作的激励性措施。

二、 研究价值

本研究的价值可以从理论价值与实践价值两个方面来讨论。

1. 理论价值：对协同治理理论的实践深化

我国学者关于协同治理的研究多集中在政府部门间的府际协同，对政府—协会—企业的多元治理格局构建仍然处于探索阶段。职业资格评价恰好为协同治理理论提供了现实场景。基于职业资格评价问题探讨多元主体的合作机制与权力制约机制，是对协同治理理论指导实践发展的有益尝试，相关研究成果或可为理论的发展延伸提供更多视角和经验。

2. 实践价值：对国家治理体系和治理能力现代化的有效补充

职业资格评价问题并非简单的技术操作问题，国外一些国家的经验也是以该国的政治、经济、文化体系为基础构建起来的制度安排。简单的拿来主义，脱离赖以存在的制度场域，并不能解决中国的现实问题。职业资格评价体系改革需要结合我国的制度文化基础，寻求在中国体制机制环境中的自洽性。本书的相关探索力图兼顾国家安全与社会效率两个视角，可能对我国治理体系与治理能力现代化有所支撑。

三、 创新点

1. 以协同治理理论为分析框架，体系清晰

职业资格体系的构建需要"政府—行业协会—企业"三者协同参与，这一观点已经获得理论与实践领域的共识。但关于如何协调、如何参与，既是实践的困惑，也是理论的空白。本书以"政府—行业协会—企业"为分析框架，瞄准理论与实践的双重定位，探讨政府、行业协会、用人单位在重构国家职业资格体系中的角色定位与职能侧重，据此形成权力相互制约的协同分工框架，构建我国职业资格评价体系的协同治理模型，为职业资格体系性分析提供清晰框架。

2. 以承上启下的行业协会为突破,目标明确

政府、行业协会、企业(用人单位)均是职业资格评价最重要的参与主体,但因组织性质不同,职能侧重也有所差别。通过分析不同主体在职业资格评价体系构建中的角色定位,本书发现行业协会作为国家标准与企业标准的重要衔接,具有承上启下、协调发展的关键作用。本书以行业协会为突破,抓住政策调整的关键环节,关注行业协会的现状、问题与组织运行机理,致力于厘清行业协会在职业资格评价体系改革中的现实处境、面临问题及未来改革方向,促进行业协会在职业资格管理中的职能实现,其结论对提高政策资源使用效率,激发行业活力具有重要的理论与现实意义。

3. 以分类评价的权变思想为指引,方法科学

不同职业的内在属性具有很多差异化特征,本书借鉴权变思想,选择职业安全性和技能专属性两个维度,将职业资格区分出四种类型,进行职业资格的构型分析,讨论每类职业资格的内在属性,匹配最适宜采取的评价方式。在分类评价的基础上,本书提出政府对职业资格监管的新理念,应从传统的流程监管转变为评价机构(主体)资质监管,新思路有助于政府监管资源的优化配置。这种分类评价的权变思想,能够避免传统监管模式中“一刀切”的盲目性,有助于提高我国职业资格管理的科学性、有效性和针对性。

4. 以公共政策优化调整为目标,应用性强

当前我国职业资格制度中仍然存在分类评价不足、评价社会化程度不高、用人主体自主权落实不到位等突出问题,以问题为导向展开探讨,致力于破解我国职业资格评价体系改革中的现实难题。以问题解决为指导,从政府监管和公共政策调整优化的角度,探索构建我国职业资格协同治理体系的有效机制,借鉴日本职业段位制度、英国国家规范资格体系、德国双元培养机制的精髓,提出建立全国资格等级规范标尺体系、建立多元主体协同参与的激励机制等创新举措,对提升行政效能和公共资源利用率进行有益的探索尝试,为我国治理体系与治理能力现代化提供独特的视角与思路。

四、 研究不足与未来研究方向

第一,我国职业资格评价体系的痛点、难点、堵点问题有待进一步深入挖掘。我国职业资格评价体系中存在的一般性问题,很多已经获得政府相关部门关注,正在努力破解。未来需进一步借助调查研究、参与式观察、深度访谈等方式,加强研究深度,进一步剖析形成相关问题的底层逻辑,为优化我国职业资格评价体系的管理体制和运行机制提供更多有益参考。

第二,以行业协会为基础开展职业资格评价的实践举措有待创新。行业协会是政府与市场的有效链接,是职业资格评价可能路径之一。重点解读行业协会承担职业资格评价职能的运行机制与关键问题,随着实践的不断发展,行业协会在职业资格评价中的作用发挥出现很多新形式、新变化与新趋势,需要进一步总结实践经验,探索提出更多具有可行性的创新举措。

第三,多元主体承担职业资格评价职能的理论与现实问题仍有待进一步补充。除了行业协会之外,政府、行业龙头企业、大学、培训机构也可以是职业资格评价的重要承担者。重点分析行业协会、政府相关职能部门、行业龙头企业、大型国有企业、职业技能院校、专业培训机构等参与者开展职业资格评价的运行基础与现实挑战有待进一步补充完善。

第四,竞争性评价机构的运行体制与规范机制有待进一步探索。在安全性较高且通用性较高的行业,鼓励评价机构以竞争性方式开展职业资格评价活动,可以在很大程度上提升职业资格评价的社会效率。但仍需建立职业资格评价机构资质许可等配套制度,将过程监管转变为主体资质监管。需要进一步探索竞争性评价机构设置的相关体制基础与运行规则,以促进职业资格评价体系的科学化设置。

　　第五,全国资格等级规范标尺体系的可行性有待进一步深化。在现实举措部分,提出建立全国资格等级规范标尺体系,形成职业资格等级梯度的制度性安排,以促进不同行业、不同领域、不同职业在资格等级上的可比性和可参照性。该建议如何实施落地,有很多细节性问题值得深度探讨,仍需深化对该问题的分析研判,细化构想的现实可行性。

第一章
我国职业资格评价体系的制度场域

作为研究起点,本章首先就职业资格体系基础性内容进行梳理总结,以便明确其内涵逻辑、法律性质、任务职能和制度规范,为开展后续研究奠定基础。

第一节　职业资格的内容体系

一、 职业资格的内涵

职业资格是对从事某一职业必备的学识、技术和能力的鉴定证明。职业资格评价制度是世界各国普遍采用的人才评价、人才培养和人才管理的制度体系,是劳动就业领域的一项重要内容。作为研究起点,需要明确职业资格的内涵与外延。

1. 职业的内涵与层次

"职业"是指个体的谋生手段或收入来源,其核心在于领域的专业性,是需要具备一定的领域知识技能才能开展的工作。也即"个人为了获得固定的经济或物质报酬在特定领域开展的一种制度化活动"。"职业"内含五个层次:

第一,"职业"具有一定的回报性,以获得较为稳定的收入来源。第二,"职业"具有一定的专业性,需要具备相应领域的专业化知识、能力和技能,新进入者可能需要接受必要的教育或培训,且会随着从业经验的丰富逐渐累积。第三，"职业"具有一定的规范性，尤其是涉及国家和公共安全的领域，需要接受相关法律法规和制度规章的规范性约束。第四，"职业"通常会形成特定的伦理规则和精神内核，需要从业者将职业要求内化为一种精神品质。第五，"职业"具有自我实现功能，是个体成为社会化单元的重要途径，是个体社会关系与社会网络形成的关键节点，是自我价值实现的重要载体，关系个体的生涯发展与身心和谐。

2. 职业资格

职业资格是针对特定"职业"进行的评价或鉴定。理论界和实务界从不同视角对其进行过内涵界定。欧盟委员会认为"主管部门经过评价和认证，确定劳动者达到了特定岗位的既定标准要求时，那么这个评价和认证的正式结果就是劳动者所获得的资格"。①石金涛和陈琦从知识技能的角度，将职业资格定义为"对劳动者从事某一职业所提出的必备学识、技术和能力的基本要求，是有关组织对从事某一行业工作人员基本条件的客观规定。职业资格反映了劳动者为适应职业劳动需要而运用特定知识和技术的能力"。②吕忠民强调职业资格的标签意义，认为职业资格是指"劳动者在职业生涯中所达到的专业化水平的标识，获得职业资格证书的人员，表明其已具备相应的从业能力和水平，可从事依法设定的那部分职业领域的工作职位"。③韩舒文从管理的视角出发，将职业资格管理定义为"以职业资格为中心展开的，围绕职业资格考核、鉴定、证书的颁发而建立起来的一系列规章制度和组织机构的统称"。④

基于此，本书将"职业资格"界定为"按照职业技能标准或任职资格条件，通过具有权威性的考核机构或第三方鉴定机构，对劳动者学识、技术和能力进

① Cedefop. *The dynamis of qualifications*: *defining and renewing occupational and educational standards*. Luxembourg: Office for Official, Publications of the European Communities. 2009.

② 石金涛、陈琦：《职业资格制度的发展：人力资本理论的观点》，《科学管理研究》2003 年第 6 期。

③ 吕忠民：《职业资格制度概论》，中国人事出版社 2011 年版，第 6—8 页。

④ 韩舒文：《中、澳两国职业资格证书制度比较研究》，河北师范大学 2013 年硕士学位论文。

行客观、公正、科学、规范的评价和鉴定,并对合格者授予职业资格证书的一项人才评价制度"。

3. 职业资格证书

职业资格与职业的具体要求紧密联系,以职业标准作为评价的基础,力图与特定职业的工作标准、工作要求和行为规范相衔接,通过考试、考核、鉴定等方式考察劳动者的专业知识、技能、能力是否与职业资格标准相符合,以证明该劳动者具备从事这种职业的基本要求以及所达到的实际能力水平。通过职业资格评价或鉴定的劳动者会获得相应的职业资格证书,它与学历教育所获得的学历文凭、培训教育所获得的培训证书并称为"三大证书"共同组成我国的证书管理制度。

证书具有一种标签效应,在一定程度上具有对人才在专业领域的知识技能水平和可能实现工作质量的预期作用。对证书的管理,归根到底是对人才专业素质和能力的管理,能够改善劳动力市场中雇佣双方关于人力资本保有量的信息不对称程度,有助于提高人力资源引进、培养、使用、评价的效率。

二、 职业资格的分类

职业资格不仅要求劳动者具有从事某一职业的起点标准,而且在具体的岗位上还可以根据工作的性质、数量、内容等要素来划分不同的资格等级。因此,职业资格评价制度又可以区分准入类职业资格评价和水平评价类职业资格评价两大类型。

1. 准入类职业资格与水平评价类职业资格

根据我国《职业资格证书制度暂行办法》(人职发〔1995〕6号),准入类职业资格是对从事某一职业技术人员所必备的学识、技术和能力的基本要求,是从公共安全角度考虑而设置的职业准入条件,包括从业资格和执业资格。其中,从业资格是政府规定专业技术人员从事某种专业技术性工作的学识、技术和能力的起点标准,从业资格确认工作由各省、自治区、直辖市人力资源和社会保障部门会同当地业务主管部门组织实施。执业资格是政府对某些责任较大、社会通用性强、关系公共利益的专业技术工作实行的准入控制,是专业技术人员依法独立开业或独立从事某种专业技术工作在学识、技术和能力上的必备标准。①

准入类职业资格是国家按照有利于经济发展、社会公认、国际可比、事关公共利益的原则,在涉及国家、人民生命财产安全的专业技术工作领域实行的人才管理制度。大部分准入类职业资格实行"先培训、后就业""先培训,后上岗"的原则,无证人员在上岗前,必须经过职业技能培训,并经考核鉴定合格,取得人社部门核发的职业资格证书后方可上岗就业。

水平评价类职业资格,也称"等级鉴定",是出于市场选择的需求,对申请人进行的能力筛选和工作质量信息发布。它是指依据一定的标准和程序证明申请人具有某一职业所要求能力水平的评价活动。所颁发的职业资格证书不是对就业、执业的限制,而是对申请人职业能力水平的鉴定或证明。我国水平评价类职业资格实行全国统一类别、名称、等级和标准,评价结果作为单位用人的重要依据。②

2. 专业技术类职业资格与技能类职业资格

国家职业资格目录中,包括专业技术人员职业资格和技能人员职业资格两类。

其中广义的"专业技术人员"是指以专业技术从事知识性、专业性工作,并据此获得收入的人员。在我国,狭义的"专业技术人员"有时也特指依照国家人才法律法规规定,列入政府管理的专业技术人员。专业技术人员拥有较高

---

① 《职业资格证书制度暂行办法》(人职发〔1995〕6号)第三条。
② 范巍:《关于"职称"和"职业资格"制度的几个观点》,《今日科苑》2016年第1期。

的人力资本水平,其工作属性更侧重于脑力思考、逻辑推理与专业技术知识的应用,具有一定的抽象性。专业技术人员的职业资格也有准入类和水平评价类之分。例如,教师资格、法律职业资格、注册会计师资格等均属于准入类职业资格,规定了执业的最低门槛。而职称就是比较典型的水平评价类专业技术资格。早期的职称包括专业技术职务和专业技术资格两层含义。专业技术职务是"根据实际工作需要设置的有明确职责、任职条件和任期,并需要具备专门的业务知识和技术水平才能担负的工作岗位"。[1]专业技术资格则指的是专业技术人员必须取得特定专业技术岗位所需要达到的专业性知识技能水平的认证。在专业技术职务聘任制度改革前,获得专业技术"资格"的同时就天然地取得专业技术"职务","职务"与"资格"是两位一体的。改革后,评聘分离,用人单位在定编定员的基础上,确定高级、中级、初级专业技术职务的合理结构比例;由行政领导在经过评审委员会评定的、符合相应条件的专业技术人员中聘任,且要求专业技术职务的聘任有一定的任期,任期结束需重新聘任。[2]

技能人员是指通过练习获得相应技能并能够完成一定任务的人员。技能人员的工作属性更侧重于肢体的运用与操作,而技术原理掌握和经验积累可以有效提升技能人员的工作质量。技能人员的职业资格也分准入类和水平评价类。技能人员的准入类职业资格,例如焊工、消防设施操作员、救生员等,是对从事某类工作技能要求的门槛设置。技能人员的水平评价类职业资格体现了技能水平的高低,按熟练程度通常可分为初级技能师和中级技能师及高级技能师。技能初级表示"会做"某件事,而未达到熟练的程度。技能中级表示做某件事达到一定的程度,但是在具有一定难度的技能上还没有熟练掌握。技能高级指掌握扎实的技术,并且具有非常丰富、熟练的技能经验和技巧。

综合来看,专业技术人员和技能人员的职业资格在评价内容上有不同侧重,专业技术类职业资格更加侧重于知识性、脑力性、创造性评价,以此来判断

---

[1] 国务院发布《关于实行专业技术职务聘任制度的规定》的通知,国发〔1986〕27 号。

[2] 同上。

申请人解决专业性问题的能力与创造力。而技能人员的职业资格更加侧重于肢体操作的娴熟性,强调技能水平的稳定、精准与极致。尽管两类职业资格考察的是人类能力的不同方面,但从评价机构、评价技术与管理框架等角度看,其机制与原理是类似的。因此,本书所提及的我国职业资格评价体系,既包括专业技术人员的职业资格,也包括技能人员的职业资格。尽管两类职业资格的主管部门各不相同,但两类职业资格的评价与体系构建在管理学原理上是相通的,可以相互借鉴。

三、 职业资格的法律性质解读

1. 准入类职业资格具有行政许可的法律性质

从法律角度,准入类职业资格具有行政许可的性质,是管制型行政执法的体现。行政许可是指行政机关根据行政相对人的申请,依法准予申请人从事特定活动的行为,它以法律或者行政系统设定的禁止状态为前提,对这种禁止状态的解除即意味着"行政许可"。从这一角度解读,持有准入类职业资格证书便意味着解除了从业的禁止状态,获得了在所属行业从业的行为自由,它是一种具有法律属性的证书,证书持有人享有公法上的某种资格进而获取相应的权利。根据张淑芳的解读,它具有以下几个方面的内涵:

第一,身份性。职业资格赋予持证人以特定的职业身份和相应的身份关系,使其取得与其身份相符的社会角色。它的基础在公法之中,赋予这些社会个体职业身份的是行政法,对从事特定职业进行的行政许可。

第二,资质性。取得职业资格证书的行政相对人必须遵守本职业资格的各种行为要求,这种遵守状态既包括取得资格的过程中,更存在于取得资格以后从事相关职业活动时的履责行为。它既是一种在法律义务上的制约,同时也是区别于其他社会成员的权利,具有特定性、排他性特征。

第三,门槛性。获得从事特定职业的行政许可,必须符合法律规定的资格要件,体现为特定知识、技术、技能的满足,就是政府行政系统为特定行业设定门槛的具体体现。

第四,强迫性。尚未持有某种职业资格的社会主体被抑制从事某种职业行为,这种抑制具有强迫性。同时,职业资格证书的持有者在履行法定义务时,职业义务的行使也是具有强迫性的。[①]

2. 水平评价类职业资格具有"准公共产品"认证的性质

从法律性质角度讲,水平评价类职业资格没有行政许可性质,而是一种资格认证性质。"认证"具有识别、确认之意,不仅指身份的证明,也是能力、价值、资格的证明,还是真实性的证明。根据欧树军的观点,认证是指"国家收集、确认、识别境内有关人、财、物、行、事的名称、位置、数量、流动方向、真假优劣等基本事实,进而建立并执行相应分类、规则、标准和规范的整个过程"[②],可具体分为国家认证与社会认证两种。

水平评价类职业资格本质上是一种认证。从认证的分类来看,认证的主体可以是政府(国家认证),也可以是非政府组织(社会认证),例如专业机构、行业协会等。资格认证具有"准公共产品"的性质,无论是政府组织的,还是由协会、学会、企业事业单位面向社会的各类认证活动,都具有同等地位。行业组织为行业成员颁发的证书不具有法律上的强制属性,这样的证书在民事法律运作中有一定的价值,但它们不具有公法上的价值,不具有行政法上的证明意义。[③]

水平评价类职业资格是依据一定的标准和程序证明申请人具有从事某一职业或担任某一职务的能力、水平要求的活动,是一种社会化的人才认证。职业资格证书是认证的产物,是劳动者具备某一职业资格和相应职业能力的书面证明,

---

① 张淑芳:《职业资格证治理法治化研究》,《东方法学》2017 年第 5 期。
② 欧树军:《国家基础能力的基础:认证与国家基本制度建设》,中国社会科学出版社 2013 年版,第14—15 页。
③ 张淑芳:《职业资格证治理法治化研究》,《东方法学》2017 年第 5 期。

它与特定职业的具体要求密切联系,反映了职业劳动者从事特定职业应达到的理想水平。它是劳动者求职、任职的资格凭证,是用人单位招聘、录用的主要依据,也是境外就业、对外劳务合作人员办理技能水平公证的有效证件。与学历文凭证书不同之处在于,它与某一职业能力的具体要求密切结合,反映该职业的实际工作标准和规范,以及对从事这种职业劳动者所应达到的实际能力水平。①

第二节　职业资格的管理体系

职业资格制度有效运行需要科学的管理体系作为保障。从管理流程的角度看,其管理职能涉及职业资格标准的设计、评价工具的组织、职业资格的培训、职业资格的考核评价、证书发放、关于职业资格的继续教育、职业资格的岗位监管等职能(见图 1.1):

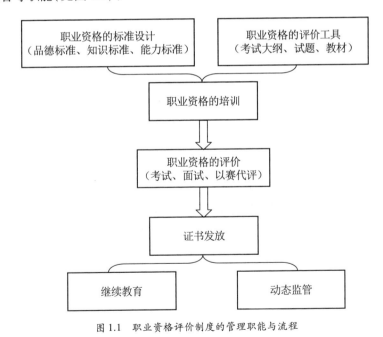

图 1.1　职业资格评价制度的管理职能与流程

---

① 许冰冰:《德国职业资格证书制度研究》,天津大学 2010 年硕士学位论文。

一、 职业资格的标准设计和评价工具

职业资格的标准,是对职业资格应然状态的具体描述,是职业资格评价活动的参照系,它是在职业分类基础上根据职业的基本特征、技术工艺、设备材料以及工作环境等要求,对劳动者专业理论知识和技术操作能力提出的综合性规定,是劳动者培训和考核的基本依据。

1. 标准的分类

职业资格标准根据应用领域,又可以细分为以下几种:(1)职业标准,规定职业的任务和活动及相应的技术和能力。(2)教育标准,描绘培训目标、培训内容、培训方式、培训周期和培训预期达到的效果。(3)考核标准,是检验申请人掌握的技术技能和能力的真实情况,运用笔试、面试、模拟等方式,对申请人的知识内容和行为内容进行评分的依据,本质上是一种对职业资格进行的质量控制。

2. 标准的结构框架

《中华人民共和国职业分类大典》(2022 年版)从总体上确定了国家职业标准框架。在此基础上,形成《国家职业标准编制技术规程(2023 年版)》(简称《规程》),推动了全国职业技能教育和培训工作。以此为蓝本,又形成我国主要职业和工种的国家职业技能鉴定题库。具体来说,我国的国家职业标准包括职业概况、基本要求、工作要求、权重表四个部分。

职业概况主要是对职业基本情况的描述,主要内容有职业名称、职业编码、职业定义、职业等级、职业环境条件、职业能力特征、普通受教育程度、职业培训要求、职业评价要求九项内容。基本要求主要包括两个方面,基础知识和职业道德。基础知识主要是指从业人员在职业活动中应掌握的通用基本理论、安全、职业健康、环境保护、数字素养和有关法律法规知识等;职业道德是

指从业人员在职业活动中应遵循的基本观念、意识、品质和行为的要求,即一般社会道德、职业素养以及工匠精神和敬业精神在职业活动中的具体体现。工作要求主要对职业功能和职业内容进行细致分解,从知识和技能两个方面对完成各项具体工作需要的职业能力的描述。权重表主要包括理论知识权重表和技能要求权重表,列出基本要求和各等级职业功能对应的相关知识要求、技能要求在职业培训、职业评价中所占的权重。①

3. 评价工具的开发

仅有职业资格评价标准远远不够,还需根据职业标准,设计职业资格的评价工具。评价工具可以是试卷考试,也可以是能力测试,还可以是情景模拟。根据不同职业资格标准的不同属性,适宜选择不同的评价工具。例如,知识性强的职业,适宜采取传统的考试形式;能力性强的职业,适宜采用面试和能力测试等方式;操作性强的职业,适宜采用模拟的评价方式。一些技能类职业资格评价是对申请人工作质量和行为效果的评价,可以通过行为的客观结果加以体现。而另一些不易客观评价的职业资格,评价客体依赖于隐性知识和行业专属性知识,行业内部的知识技能水平具有一定的信息不对称性,以本行业领域资深专家作为评价主体进行同行评价就显得尤为必要。一个职业往往涉及几个维度,几种评价工具常常会被组合使用。

考试是最常见的职业资格评价手段。将职业资格标准转化为考试题,通过闭卷考试的方式,对申请人在特定领域的知识基础进行客观评价。国家级的各类职业资格,考试的教材与试题库建设基本上由政府相关部门或政府授权的第三方机构组织专家独立完成,以确保试题库建设的保密性、独立性、稳定性和体系统一性。命题每年都由政府随机抽取专家在限定时间内封闭式出题,并且命题全过程都有严格的纪律检查和监督机制。国务院有关业务主管

---

① 人力资源社会保障部、办公厅关于印发《国家职业标准编制技术规程(2023 年版)》的通知,载中华人民共和国人力资源和社会保障部网站。

部门负责组织执业资格考试大纲的拟定、培训教材的编写和命题工作。人力资源和社会保障部负责审定考试科目、考试大纲和审定命题,确定合格标准。

我国在职业资格评价标准制定过程中逐步摒弃传统知识分析方法,采用工作分析法,以职业活动为导向,以职业技能为核心,采用多层次、多结构、多元化职业分析法,形成具有动态性、开放性和灵活性的职业资格标准,使得职业资格评价标准的设置向着更加科学、更结合实际需求的方向发展。①在此趋势下,同行评价、市场化指标评价、以赛代评等多元化评价工具逐渐被广泛应用。

二、 职业资格的培训

职业资格培训可以帮助劳动者更快具备必要的职业技能,更好达到职业资格规定的各项标准。尤其是准入类职业资格,实行"先培训、后就业""先培训、后上岗"的原则,获得资格是从事相关岗位的必要前提,职业资格培训便成了前置性条件。以统一的教材、大纲为基础组织申请人进行职业技能培训,并经考核鉴定合格,取得人社部门核发的职业资格证书后方可上岗就业。《国家职业标准编制技术规程》是全国职业技能教育和培训工作的标准指南与工作遵循。

对于水平评价类职业资格,前置性培训虽然不是必要条件,但也是帮助申请人更高效地达到相应知识技能标准的有效途径。以往,我国多数的职业资格培训是由国务院有关业务主管部门负责组织的。随着社会的发展,越来越多的专业化培训机构承接职业培训职能。尤其是水平评价类职业资格,考前培训并非职业资格考试是否合格的评价标准,申请人可以根据需要选择自愿选择、自愿参与。

需要指出的是,职业资格制度中需要坚持考培分开原则,任何组织和个人不得强制申请人参与任何形式的考前培训,尤其是收费性质的培训。同时,为

---

① 韩舒文:《中、澳两国职业资格证书制度比较研究》,河北师范大学 2014 年硕士学位论文。

保证制度的客观公正性,参与考试管理工作的人员不得参与培训工作,也不得参加考试。

三、 职业资格的评价

评价是职业资格的核心环节,是职业资格体系的集中显示环节。职业资格评价过程也是劳动者能力和资格获得认可的过程。评价过程要求公开、公平、公正,其结果才能获得社会普遍认可,具有权威性。职业资格证书分为全国性证书和地方性证书。全国性职业资格考试实行全国统一大纲、统一命题、统一组织、统一时间,考试工作由人力资源和社会保障部和国家业务主管部门共同负责。

以我国执业药师资格考试为例,它在政府主导下,由政府或政府授权的机构统一组织认证,并且在相应法律保障下实行。具体来说,相关考试由人力资源和社会保障部和国家药品监督管理局共同负责,日常工作委托国家药品监督管理局执业药师资格认证中心承担,具体考务工作委托人力资源和社会保障部人事考试中心组织实施。

四、 职业资格的证书发放

通过职业资格考试或认证的申请人会获得相应职业资格证书。职业资格证书是证书持有人专业水平能力的证明,可作为求职、就业的凭证和从事特定专业的法定注册凭证。一般具有法律效力,但不同证书的法律效力级别有所不同。

1. 执业资格证书的法律效力

执业资格拥有最高的法律效力,该资格受到专门法律的规制。例如《中华人民共和国注册会计师法》《中华人民共和国律师法》等法律,规定"未取得或者以非法手段取得执业资格从事相关执业活动的、被依法吊销执业证书期间从事相关执业活动的"构成非法执业罪,根据情节轻重,可能会受到刑事处罚。这类证书通常由国家行业主管部门发放,具有非竞争性特点,在法律上具有行政许可性质,使证书具有更高权威性。

2. 从业资格证书的法律效力

从业资格证书也具有一定的法律效力,也受到专门法律的约束。与执业资格证书不同的是,没有取得从业资格的无证非法从业者,除非情节特别严重已经触犯刑法,一般不会受到刑事处罚,而是接受行政处罚。例如根据《中华人民共和国证券法》第一百九十八条,"聘任不具有任职资格、证券从业资格的人员的,由证券监督管理机构责令改正,给予警告,可以并处十万元以上三十万元以下的罚款;对直接负责的主管人员给予警告,可以并处三万元以上十万元以下的罚款"。这类职业资格证书通常由国家行业主管部门授权,由行业协会发放。

3. 水平评价类职业资格证书的效力

水平评价类职业资格,一般不具有法律效力,而是作为一种信息筛选识别机制,是对申请人所能达到的知识技能水平和预期工作质量的一种分级评价,能够在很大程度上改善劳动力市场中雇佣双方关于人力资本保有量的信息不对称程度。这类证书具有认证的性质,同一行业内可以有多种认证,存在竞争性的制度空间,职业资格证书含金量的高低是用人单位选择认可或不认可的重要依据。

五、 对职业资格证书获得者的后续监管

1. 登记或注册

执业资格实行注册登记制度。注册是对专业技术人员进行执业管理的重

要手段。未经注册者,不得使用相应名称和从事有关业务。国务院有关业务主管部门为执业资格的注册管理机构。各省、自治区、直辖市业务主管部门负责审核、注册,并报国务院业务主管部门备案。各省、自治区、直辖市人力资源和社会保障部部门负责对注册工作的监督、检查。取得执业资格证书的申请人,应在规定的期限内到指定的注册管理机构办理注册登记手续。①

2. 知识更新

资格证书获取代表着劳动者能力水平得到了社会的认可。但职业资格评价标准并非静止不变,随着时代发展,创新促动,很多行业的科技水平都在快速更新升级,相应职业资格评价标准也需要随之动态调整。这意味着,职业资格的取得不能一劳永逸。申请人获得职业资格以后,还需紧跟现实需要,让自身能力水平始终满足实践发展要求。这就要求职业资格证书持证人定期参加必要的培训,坚持持续学习与终身学习,根据实践发展不断更新知识与技能。通过后续教育培训保持资格证书获取后的持续有效性,也是职业资格管理制度中的关键环节。

3. 动态监管

劳动者获得职业资格证书之后,还需对其资质进行持续动态监管。监管的重点有两个方面:一是知识能力素质的动态监管,应当定期或不定期组织资格复审,确保持证人与相关资质的有效对应。二是行为监管,即需要对持证人职业行为是否符合行业的规范进行动态监管,对于有违规行为的当事人应当给予必要惩戒,以进一步确保职业资格证书权威效力,从而进一步规范调整行业秩序。

---

① 《职业资格制度暂行办法》(人职发〔1995〕6号)第十八条。

第三节　我国职业资格的制度体系

内容体系与管理体系密切相关,管理体系又与制度体系密切相关。本节将对我国职业资格的制度体系进行梳理,分为法律制度、行政法规和指导性文件三个层次。

一、 规范我国职业资格的法律制度

法律是指导我国职业资格发展的制度基础和根本遵循。我国与职业资格直接相关的法律主要有三部:一是从劳动就业角度对雇佣双方行为作出明确规定的《中华人民共和国劳动法》,二是从职业准入角度对职业资格进行规范的《中华人民共和国行政许可法》,三是从教育培训角度对职业资格进行指导规范的《中华人民共和国职业教育法》。

1.《中华人民共和国劳动法》

《中华人民共和国劳动法》第八章第六十九条规定,“国家确定职业分类,对规定的职业制定职业技能标准,实行职业资格证书制度,由经备案的考核鉴定机构负责对劳动者实施职业技能考核鉴定”,[①]确立了职业资格证书的法律地位,将职业资格制度上升为国家层面人才培养使用的重要举措。从《中华人民共和国劳动法》来看,职业资格的相关规定出现在“第八章职业培训”章节里,在一定程度上说明,职业资格与加强职业培训的整体要求互为支撑,通过职业培训培养出更多具有相关领域知识与技术的专业化人才,通过职业资格评价活动检验职业培训的质量与成效。《中华人民共和国劳动法》是鼓励各类主体开展职业资格工作的重要法律依据。

---

① 《中华人民共和国劳动法(2018 年最新修正)》,国家法律法规数据库 http://flk.npc.gov.cn/detail2.html?ZmY4MDgwODE2ZjEzNWYONjAxNmYyMGYxNmVIMTE3Mze%3D, 2018 年 12 月 29 日。

2.《中华人民共和国行政许可法》

与《中华人民共和国劳动法》相对应的《中华人民共和国行政许可法》是规范职业资格管理的重要法律依据。根据《中华人民共和国行政许可法》第二章第十二条规定，"直接涉及国家安全、公共安全、经济宏观调控、生态环境保护以及直接关系人身健康、生命财产安全等特定活动，需要按照法定条件予以批准的事项"；"提供公众服务并且直接关系公共利益的职业、行业，需要确定具备特殊信誉、特殊条件或者特殊技能等资格、资质的事项"，①需要设置行政许可。这就涉及职业资格当中的重要组成部分——准入类职业资格，这类职业资格直接关系到国家安全、公共安全、人身健康、财产安全等诸多关键领域，需要从业者具备相关领域的特殊信誉、特殊条件或者特殊技能，应当采取执业准入的管理措施。但该法第十三条也规定"市场竞争机制能够有效调节的"；"行业组织或者中介机构能够自律管理的"；"行政机关采用事后监督等其他行政管理方式能够解决的"等情形可以不设行政许可。②这意味着随着实践发展深入，原本需要通过行政许可进行调节和规范的职业资格，可以通过引入市场机制、加强行业自律管理、完善监管等举措改进与完善治理体系，从而解除行政许可的限制，形成基于市场机制的规范化管理。

3.《中华人民共和国职业教育法》

《中华人民共和国职业教育法》从培训角度对职业资格进行了基础规范。根据《中华人民共和国职业教育法》第六条"职业教育实行政府统筹、分级管理、地方为主、行业指导、校企合作、社会参与"，国家发挥企业的重要办学主体作用，有关行业主管部门、工会和中华职业教育社等社团组织、行业组织、企业、事业单位等应当依法履行实施职业教育的义务。国家鼓励发展多种层次

---

① 《中华人民共和国行政许可法》，中国人大网，http://www.npc.gov.cn/npc/c30834/201905/64f52a065d3142ae92d95fa860e2f0e0.shtml，2019 年 5 月 7 日。

② 同上。

和形式的职业教育,推进多元办学,支持社会力量广泛、平等参与职业教育。这一规定在一定程度上支持了我国职业资格评价体系形成协同治理格局的制度必然性。其管理体制的主要特征是分级管理、地方为主、政府统筹、行业指导、社会参与。鼓励有条件的企业根据自身生产经营需求,利用资本、技术、知识、设施、设备和管理等要素,单独举办或者联合举办职业学校、职业培训机构。

同时,该法还规定,"实施职业教育应当根据经济社会需要,结合职业分类、职业标准、职业发展需求,制定教育标准或培训方案,实行学历证书及其他学业证书、培训证书、职业资格证书以及体现职业技能等级的证书制度"[①],从法律的角度明确了职业培训与资格证书的法律地位。其中,企业聘用从事技术工种的职工,上岗前必须进行安全生产教育和技术培训;聘用从事涉及公共安全、人身健康、生命财产安全等特殊工种或特种作业的职工,必须经过培训并依法取得职业资格或特种作业资格。

此外,《中华人民共和国职业教育法》还率先提出了国家建立国家资历框架制度的创新理念,通过建立职业教育国家学分银行,推进职业教育各类学习成果的认定、积累和转换。这一规定,可将不同职业教育间的壁垒打通,形成一个统一规范的教育培训体系,在一定程度上可以将职业教育作为"学习型社会"的载体与平台,实现终身学习的发展通道。

二、 规范我国职业资格的行政法规

我国对职业资格相关活动起着最关键作用的行政法规,仍然是 1994 年 2 月原劳动部、人事部联合颁发的《职业资格证书规定》劳部发〔1994〕98 号和原人事部于 1995 年 1 月 17 日印发的《职业资格证书制度暂行办法》人职发

---

① 　《中华人民共和国职业教育法》,国家法律法规数据库,2022 年 4 月 20 日。

〔1995〕6号。这两部行政法规第一次对职业资格制度作出系统规定,内容涉及职业资格的性质、种类、管理方式、责任权属等,是指导我国职业资格工作开展的纲领性文件。

这两部文件构建了我国职业资格管理的基本框架,为分类开展职业资格评价工作提供了原则和思路,也为职业资格制度的后续改革提供了基础和方向。但是随着实践的发展以及各界对职业资格制度认识的深入,职业资格制度的外部环境已经发生本质且深刻的变化,需要结合"放管服"的新思路,转变政府职能,转变对职业资格的管理方式和监管设置,更好地服务于"科技创新""人才强国"的大政方针。

此外,2016年人力资源和社会保障部印发的《关于行业组织有序承接专业技术人员水平评价类职业资格具体认定工作实施办法(试行)》人社部发〔2016〕3号也是规范我国职业资格工作开展的部门规章。《实施办法》提出,由行业协会有序承接水平评价类职业资格,明确行业协会是职业资格体系的重要参与主体,为我国职业资格多元协同治理格局提供了制度依据。

三、 规范我国职业资格的指导性文件

还有一种文件,虽然不是严格意义上的法律法规、部门规章,但对职业资格工作具有重要的指导意义和参考价值。这种指导性文件分为两大类,一类是党和政府关于人才工作的重要纲领性文件,另一类是围绕职业分类及其标准设置的具体指导性文件。

1. 人才工作的纲领性文件

人才工作纲领性文件是党和政府围绕人才工作提出的重要指示精神,最具代表性有中共中央印发的《关于深化人才发展体制机制改革的意见》、中共中央办公厅、国务院办公厅印发的《关于分类推进人才评价机制改革的指导意

见》等,为职业资格评价工作的改革提供了方向性指引。

《关于深化人才发展体制机制改革的意见》提出了党管人才、服务发展大局、突出市场导向、体现分类施策、扩大人才开放的五大原则,①尤其是分类施策,为职业资格制度改革提供了总体思路。在人才管理体制改革中,也提出了"转变政府人才管理职能,强化政府人才宏观管理、政策法规制定、公共服务、监督保障等职能;保障和落实用人主体自主权,充分发挥用人主体在人才培养、吸引和使用中的主导作用;健全市场化、社会化的人才管理服务体系,积极培育各类专业社会组织和人才中介服务机构,有序承接政府转移的人才培养、评价、流动、激励等职能;加强人才管理法制化建设,研究制定促进人才开发及人力资源市场、人才评价、人才安全等方面的法律法规"②等关键举措,为职业资格评价体系改革提供了努力的方向。

《关于分类推进人才评价机制改革的指导意见》也提出"创新多元评价方式。按照社会和业内认可的要求,建立以同行评价为基础的业内评价机制,注重引入市场评价和社会评价,发挥多元评价主体作用","依托具备条件的行业协会、专业学会、公共人才服务机构等,畅通非公有制经济组织、社会组织和新兴职业等领域人才申报评价渠道"③等思路,为我国职业资格体系改革和多元主体协同治理格局奠定了思想基础与行动指南。

2. 职业类指导性文件

《国家职业分类大典》是我国职业门类的指导性分类,确定了国家职业标准的框架,将职业细分为 9 个中类 119 个小类 450 个细类。职业大典作为我国职业资格制度的基础和框架,将会发挥基础性作用。一系列职业和工种按照

---

① 中共中央印发《关于深化人才发展体制机制改革的意见》,中华人民共和国中央人民政府网,2016 年 3 月 21 日。

② 同上。

③ 中共中央办公厅、国务院办公厅印发《关于分类推进人才评价机制改革的指导意见》,中华人民共和国中央人民政府网,2018 年 2 月 26 日。

《国家职业标准编制技术规程》,组织具有资质的培训机构、企业等主体共同参与全国职业技能培训工作。

2019 年国家人力资源和社会保障部对职业资格清单进行公示,形成《国家职业资格目录》,对国家层面的职业资格进行了公开认可。随着职业资格评价体系改革的逐渐深入,水平评价类职业资格将逐渐退出《国家职业资格目录》,转由行业协会等社会化机构进行认证。

第二章
我国职业资格评价体系的
总体概况与现实问题

在对职业资格制度有了基本了解以后,本章将以现实问题为驱动,聚焦我国职业资格评价体系的总体概况,梳理我国职业资格评价体系发展的历史进程、已经取得的实践经验和正在面临的现实问题,以为后续研究奠定现实基础和目标靶向。

第一节　我国职业资格评价体系的历史沿革

我国职业资格制度的雏形是 20 世纪 50 年代在工业体系中实行的八级工制度。随着我国社会主义市场经济体制建立,职业资格评价制度逐步确立,正在经历从"政府集中管理"向"政府与市场协同管理"的方向转型,主要经历了以下几个发展阶段:

一、探索起步阶段（1986 年至 1995 年）

20 世纪 80 年代,为了适应发展要求,专业技术人才管理制度需要进行改革,职业资格评价制度在中国应运而生。1986 年,我国颁布《注册会计师条例》,建立了第一项专业技术职业资格制度。1993 年 11 月,党的十四届三中全会《关于建立社会主义市场经济体制若干问题的决定》首次明确提出学历文凭与职业资格并重,再次指出"要制定各种职业的资格标准和录用标准,实行学历文凭和职业资格两种证书制度"。1994 年《中华人民共和国劳动法》第八章第六十九条规定:"国家确定职业分类,对规定的职业制定职业技能标准,实行职业资格证书制度,由经过政府批准的考核鉴定机构负责对劳动者实施职业技能考核鉴定",确立了职业资格证书制度的法律地位。1994 年 3 月,劳动部、人事部联合颁发《职业资格证书规定》,第一次对职业资格制度的性质、种类、评价方式、管理等作出了详细规定,标志着我国职业资格制度启动。1995 年 1 月 17 日国家人事部印发《职业资格证书制度暂行办法》,是职业资格制度的纲领性文件,标志着我国专业技术职业资格制度正式踏上发展轨道。

二、 普及发展阶段（1996 年至 2002 年）

伴随着劳动、人事制度改革深入,我国职业资格制度迅速普及发展。1999 年 6 月 13 日,中共中央、国务院下发的《关于深化教育改革全面推进素质教育的决定》明确,要在全社会实行学业证书、职业资格证书并重的制度。2000 年 6 月,劳动和社会保障部颁布《招用技术工种从业人员规定》,确定 90 个必须持职业资格证书就业的技术职业（工种）。到 2002 年底,在专业技术人才方面,我国先后建立了包括注册会计师、律师、执业医师、注册建筑师等在内的 35 类执业资格制度。随着各类职业资格的普及发展,中国职业资格制度的基本构架基本形成,并为社会主义市场经济发展起到了促进作用。

三、 繁荣发展阶段（2003 年至 2007 年）

1999 年,《中华人民共和国职业分类大典》颁布,根据职业分类,确定了国家职业标准的框架,颁布了一系列职业和工种的"国家标准"。以"国家职业标准"为指导依据,全国各地开展了职业技能的培训工作,覆盖面达到企业职工的 50%、职业学校和职业培训机构学生的 70%。①

《职业分类大典》和《国家职业标准》的颁布标志着职业资格制度进入繁荣发展阶段。根据 2006 年 11 月统计的结果,涉及专业技术人员的各类职业资格有 399 项。其中,全国性的 318 项,地方性的 81 项。上述全国性职业资格中属于行政许可类(准入类)职业资格的有 77 项,水平评价类职业资格有 322 项(国人部报〔2006〕127 号)。随着越来越多的职业资格涌现,中国职业资格体系的实践内容也越来越丰富,新的发展问题随之产生。

四、 清理整顿阶段（2008 年至 2016 年）

随着我国职业资格制度逐步完善和快速发展,在实施过程中也出现一些突出问题,表现为"考试太乱、证书太滥;有的部门、地方和机构随意设置职业资格,名目繁多、重复交叉;有些机构和个人以职业资格为名随意举办考试、培训、认证活动,乱收费、滥发证,甚至假冒权威机关名义组织所谓职业资格考试并颁发证书;一些机构擅自承办境外职业资格的考试发证活动,高额收费等"。②

为有效遏制职业资格设置混乱现象,确保职业资格证书制度顺利实施,2007 年 12 月 31 日《国务院办公厅关于清理规范各类职业资格相关活动的通知》(国办发〔2007〕73 号),开启职业资格领域乱象的整顿治理,标志着我国的职业资格制度进入改革调整的新阶段。经过七个批次的清理,累积撤销了相关职业资格 429 项,削减比率达原职业资格总量的 70%以上(见表 2.1)。此次清理整顿,初步完成国务院部门设置的、没有法律法规和国务院决定作为依据的准入类职业资格的取消工作,国务院部门和全国性行业协会、学会未经批准

---

① 戴茵:《非对称信息下职业资格认定中政府介入行为的问题与对策》,国防科学技术大学 2006 年硕士学位论文。

② 《国务院办公厅关于清理规范各类职业资格相关活动的通知》(国办发〔2007〕73 号)。

自行设置的水平评价类职业资格也基本被取消。①

表 2.1　我国职业资格清理工作的相关文件与进程

时　间	文　件	
2007 年 12 月 31 日	国务院办公厅关于清理规范各类职业资格相关活动的通知(国办发〔2007〕73 号)	总纲领
2014 年 7 月 12 日	国务院关于取消和调整一批行政审批项目等事项的决定(国发〔2014〕27 号)	11 项
2014 年 10 月 13 日	国务院关于取消和调整一批行政审批项目等事项的决定(国发〔2014〕50 号)	67 项
2015 年 2 月 24 日	国务院关于取消和调整一批行政审批项目等事项的决定(国发〔2015〕11 号)	67 项
2015 年 7 月 20 日	关于取消一批职业资格许可和认定事项的决定(国发〔2015〕41 号)	62 项
2016 年 1 月 20 日	关于取消一批职业资格许可和认定事项的决定(国发〔2016〕5 号)	61 项
2016 年 6 月 8 日	关于取消一批职业资格许可和认定事项的决定(国发〔2016〕5 号)	47 项
2016 年 12 月 1 日	关于取消一批职业资格许可和认定事项的决定(国发〔2016〕68 号)	114 项

　　此次对职业资格的全面清理与整顿,对我国职业资格体系具有里程碑意义。从社会普遍意义的角度讲,此次改革有效治理了证出多门的社会乱象,有效降低了人才从业壁垒,解除了人才干事创业不必要的束缚,减轻了人才负担和社会成本,释放了人才创新创业新活力。而且从政府职能转变的角度来看,此次对职业资格的清理与整顿,向社会充分显示了我国政府职能改革的决心,它不仅厘清了政府与市场的边界,理顺了政府对职业资格的管理原则与职能权限,提高了职业资格管理的科学化和规范化水平,②还在很大程度上推动了政府在人才管理方面的职能转变,释放了人才体制机制改革新动能。

---

① 　佚名:《国务院新取消 61 项职业资格》,《劳动保障世界》2016 年第 4 期。
② 　同上。

五、 改革发展阶段（2017 年以来）

随着一大批不合法、不合规、不合理的职业资格被清理整顿,职业资格过多过滥的乱象得到有效遏制,我国职业资格制度进入发展的新阶段。随着改革的不断推进,我国职业资格制度正在着力夯实基础、理顺体制机制。2022 年颁布的《中华人民共和国职业分类大典》将职业分类为 8 个大类,79 个中类,450 个小类,1639 个细类（职业）和 2967 个工种。与 2015 年版《职业分类大典》相比,新增 5 个中类,取消 1 个,净增 4 个;新增 21 个小类,取消 5 个,净增 16 个;新增 168 个细类（职业）,取消 10 个,净增 158 个;新增 377 个工种,取消 80 个,净增 297 个。①围绕制造强国、数字中国、绿色经济、依法治国、乡村振兴等国家重点战略,专门增设和调整了相关中类、小类和细类（职业）。例如,将工业机器人操作员和运维人员、农业数字化技术员和农业经理人等纳入新版大典。2022 年新版大典首次标识了 97 个数字职业,标注了 134 个绿色职业。新的职业大典作为我国职业资格制度的基础和入门证,将会发挥着越来越大的基础性作用。

作为职业资格制度的主管部门,国家人力资源和社会保障部进一步巩固职业资格清理整顿的工作成果,建立职业资格清理常态化机制,运用群众“点菜”的方式,会同行业主管部门进行清理;研究制订职业资格设置管理和职业技能开发有关规定,加强对职业资格设置实施的监管,针对新兴领域和新兴行业,建立职业资格制度设立的申请、审议、评估制度;②研究建立职业资格框架制度,优化现有职业资格制度的运行机制,使职业资格标准更加贴近行业所需,使职业资格管理更加科学有效,使职业资格考试更加客观公正。2021 年,国家人力资源和社会保障部最新版《国家职业资格目录》将共计 72 项职业资

---

① 国家职业分类大典修订工作委员会:《中华人民共和国职业分类大典(2022 年版)》,中国劳动社会保障出版社 2022 年版:第 8 页。

② 孙淑红:《浅议高等职业教育双证互通机制》,《职业》2016 年第 11 期。

格列入目录。其中,专业技术人员职业资格59项,含准入类33项,水平评价类26项;技能人员职业资格13项。《国家职业资格目录》(2021年版)根据党中央、国务院转变政府职能,推进"放管服"改革要求,结合国务院有关部门职责调整、行政审批事项改革等情况进行了优化,73项水平评价类技能人员职业资格全部退出目录,不再由政府或其授权的单位认定发证。目录中准入类职业资格关系公共利益或涉及国家安全、公共安全、人身健康、生命财产安全的,均有法律法规或国务院决定作为依据;水平评价类职业资格具有较强的专业性和社会通用性,技术技能要求较高,行业管理和人才队伍建设确实需要。这些都将为我国职业资格制度的改革创新奠定基础。

我国的职业资格制度是在一定的历史背景下生成的,并随着经济与社会的发展不断完善。经过二十余年的发展,我国职业资格制度实现了由计划调控向以市场调控为主模式过渡,实现了由企业内部的组织与管理向在国家法律法规指导下的社会化管理转型。职业资格证书的社会地位得到进一步提升与强化,职业资格证书与学历文凭并重的局面正在形成,普通教育和职业教育两种教育并举也已经成为社会共识。在职业资格制度的框架下,以能力培养为核心的职业资格教育与培训体系也正在建构和完善之中,并成为影响经济与社会发展的一个重要的因素。

第二节　我国职业资格制度取得的阶段性成效

纵观我国职业资格体系发展,已经取得很多阶段性成效,可以作为未来我国职业资格相关工作的优良基因进行传承和发扬。总结来看,有以下几个方面:

一、结合阶段性特点稳步推进

我国职业资格相关工作,每个发展阶段都有其阶段性特征,相关工作开展都契合了阶段性历史要求,扎实开展、稳步推进。

在职业资格制度发展起步阶段,更多地依赖政府相关部门组织推动,以国家层面行政法规为指导,由人事部或劳动部(或人力资源和社会保障部)总体规划协调,确定实行职业资格的专业范围后,再由专业部门具体组织实施。①如此强化了社会公众对职业资格公信力的认可程度,使职业资格制度成为促进人才发展的重要制度载体。

在探索阶段,一些政府业务主管部门,已经认识到由政府开展相关评价工作的弊病,开始选择具备条件的行业协会及其他机构,通过委托授权的形式由第三方机构组织实施,尝试调动不同主体的活力。在蓬勃发展期,面对职业资格证书的社会乱象,政府开始加大力度清理整治,取消交叉重复、不必要的职业资格评价项目,推动职业资格的有序运行。

在改革探索期,政府相关部门加快自身职能转变,厘清市场与政府之间的职能边界,尽量减少对市场主体行为的干预,取消不必要的行政审批和职业资格许可事项,尤其将水平评价类职业资格改为市场机制主导的职业资格评价。

可以说,职业资格制度发展的每个阶段,政府相关部门都把握住了关键问题,进行了重点突破和阶段性创新,形成我国职业资格发展的有利局面。

二、 吸纳经验与创新突破相结合

我国职业资格体系是吸纳国外先进经验与创新突破相结合的共同结果。在吸收国外先进经验方面,我国注重调研发达国家的职业资格制度,了解工业化国家实施职业资格评价在法律体系、资格标准、培训、考试、注册等各方面的制度优势和经验做法,研究各国的制度特点、经济合理性和逻辑自洽性,作为我国职业资格制度整体方案的借鉴。

---

① 　周光明:《职业资格许可制度研究》,《湖南社会科学》2006 年第 2 期。

同时,我国职业资格体系的发展还注重结合中国实际情况,基于我国的制度基础和阶段性任务,在现有基础上守正创新,尊重自身职业资格制度的传统,也不排斥其他国家先进经验。这种渐进式创新的制度调整,保持了政策的相对连续性、人才队伍的相对稳定性、人才发展的方向性,为改革营造了有利的制度基础和文化氛围。

三、 先行试点与逐步推广相协调

不同行业、不同职业的内在特征存在很大差异,在职业资格制度体系建立初期,很难出台一部适用于各个领域、各种职业的资格制度。因此,我国职业资格制度采取先行试点的思路,选择注册会计师、律师、执业医师、建筑师等代表性职业,通过《中华人民共和国注册会计师法》《中华人民共和国律师法》《中华人民共和国执业医师法》《中华人民共和国注册建筑师条例》等专门法律,形成以行业特征为基础的试点运行机制。在总结各行业成功经验的基础上,注意梳理我国职业资格体系发展的共性特征和普遍规律,组织专家进行系统论证,征求相关部门和行业的意见,最终形成一套规范的职业资格论证审批程序。由点到面,点面结合,注意把握节奏,注意创造有利于职业资格体系发展的运行条件。

四、 国家统筹与归口管理相促进

我国职业资格制度坚持国家统筹安排与行业归口管理相结合,通过不同部门之间的协调合作,促进职业资格管理职能的相互协调。人力资源和社会保障部(原劳动部和人事部)牵头抓统筹,负责职业资格制度的宏观设计与监督实行,各行业主管部门协调配合,负责所在领域的职业资格评价牵头工作,形成我国职业资格府际协同的初步模式。在府际协同的基础上,我国职业资格还注重调动社会力量的广泛参与,发挥行业协会的专业优势与中心结点优势,逐步将原来政府直接管理的职业资格事项授权转移给行业协会等专业化组织。这种模式注重统筹协调和责任分工,将具体职业的管理权限落实到行业部门和行业组织,既有利于监管,也有利于突出行业特色,尊重行业发展规律。

第三节　我国职业资格体制机制改革面临的问题

职业资格清理整顿,为我国职业资格体系的科学构建提供了难得历史机遇。立足于国家治理体系和治理能力现代化的总体要求,我国职业资格体系仍存在需要继续破解的难题,其科学化和规范化仍有待进一步完善,主要表现在以下方面:

一、职业资格的宏观规划体系有待建立

我国职业资格体系的总体规划还不够完善,还需从总体布局角度进行顶层设计。具体表现为:

1. 缺乏宏观动态的视角

职业资格体系设计缺乏宏观视角,多为关注职业本身技能属性,局限于职业知识技能的微观属性,缺乏与国家、地区、产业发展战略的有效衔接,对职业资格在社会经济发展中的坐标和谱系缺乏整体性思考。同时,我国职业资格制度存在因循守旧的局限。随着环境变化,职业也处于动态发展过程中,针对职业进行的资格评价也应当具有一定发展性和前瞻性,立足于新产业、新技术、新科技、新业态的发展趋势,展望未来职业发展的新内容与新要求。简言之,我国职业资格体系缺乏统筹规划意识,大多局限于微观视野、局部职能、静态发展。

职业资格制度是一项体系性工程,各方主体、各个环节、各组成部分之间不是孤立的,而是相互紧密联系在一起的。职业资格体系需要依赖各方主体、各个环节和各个组成部分的有效衔接和协调配合,才能实现职业资格制度的完整性。职业资格规划是职业资格制度体系的重要组成部分,需要以宏观视角、整体布局和动态发展的眼光进行顶层设计与总体规划。可能涉及职业资格制度的发展战略,具体的发展计划,有关立法工作的开展,各部门之间的协调、监督、权力制衡,职业资格证书的颁发等内容。[①]

2. 新职业资格设立相对滞后

当前,很多职业资格还沿用十年前的标准。一些职业、工种的考核内容陈旧,标准滞后,与实际生产技术岗位的要求不适应。不少工种考核的内容过于狭窄,只针对某一个岗位,而针对一个岗位群的内容偏少、含金量低。[②]与此同时,新职业、新工种大量涌现,却没有制定相应的职业标准。而职业教育以就业为导向,以实现与职业岗位零距离衔接为目标,这就造成高职院校不少专业未来就业岗位没有认定的职业与之对应,没有合适的资格证书可考。这种情况普遍存在于现代制造技术领域、IT 领域及现代服务业等领域。[③]

3. 复合型职业资格相对缺位

随着经济和科技的快速发展,对从业人员操作的复杂性要求越来越高,加之第三产业得到迅速发展,社会对复合型技能和服务类职业资格证书需求越来越大。但我国复合型职业标准相当缺乏,人才只能通过考取多个证书来证明其技能的全面性。以多证书来替代复合型职业资格,容易造成技术分裂,不利于多领域技术的跨界融合,不利于"一专多能"复合型人才的培养与选拔。

---

①　周光明:《职业资格许可制度研究》,《湖南社会科学》2006 年第 2 期。
②　许冰冰:《德国职业资格证书制度研究》,天津大学 2010 年硕士学位论文。
③　同上。

而且无形中增加了人才的考证成本,不利于时间、精力和成本的节约,在一定程度上造成社会资源浪费。

二、 职业资格的制度规范体系有待健全

1. 立法相对滞后

从法律体系上看,《中华人民共和国行政许可法》《中华人民共和国劳动法》《中华人民共和国职业教育法》和《中华人民共和国就业促进法》都对实行职业资格制度作出了原则规定,但我国尚未制定专门的职业资格制度法及其他的实施细则,也未从法律层面明确职业资格制度的地位、范围,行政主体(管理机构)的权限、主体间关系,冲突解决方式,监督检查及救济办法等内容。[1]这不利于各项职业资格评价在法律框架下有序地发展,使得职业许可设定缺乏科学、严格论证,具有主观性、部门化倾向。

2. 技术性规范缺位

我国职业资格缺乏统一的框架。职业资格证书制度的推行基本上是靠有关部门制定的规定和政策,缺乏法律的严肃性和规范性,缺乏统一的专业技术人员质量标准和评价标准,且对专业技术人员的职业能力、核心技能的认可与专业技术行业要求的职位特殊性存在矛盾。[2]多部门采用不同认证方式、不同证书标准,极大降低了不同职业资格之间的社会可比性。例如,职业名称、资格、标准不统一,个别专业职业资格划分过细,而另一些急需紧缺专业却存在没有对应职业资格的问题。针对职业资格本身的框架设计不仅缺乏统一规范,而且缺乏有效监管。如何设计职业资格框架也是一个科学问题,需要建立国家职业能力标准及等级的质量监管体系。

---

[1]　周光明:《职业资格许可制度研究》,《湖南社会科学》2006 年第 2 期。

[2]　申慧林:《高职院校学生职业资格准入路径研究》,西北农林科技大学 2012 年硕士学位论文。

三、 职业资格标准与实际需求间的鸿沟有待跨越

1. 标准设计与实际需求不符

我国行政许可类职业资格考核标准一般由国家人力资源和社会保障部会同相关行业主管部门制定,其制定程序是自上而下,行业参与不够,企业或其他用人单位基本没有参与。这就导致有些考核标准在制定过程中存在盲区,很难以实际状况和需求为制定导向,造成国家政府部门制订的标准与企业或用人单位的实际需求标准不能很好吻合,因此不能很好地得到市场和企业等用人单位的认可。①

以食品安全领域的职业资格标准为例,考核的试题根据六统一原则由省食品药品监督管理局设立的餐饮服务单位食品安全培训考核工作小组组织专家统一编写。由于该项工作属于新形势下新领域的新业务,在试题编写过程中无惯例和经验可循,因此第一次试题的编写难免教科书化和章程化,尤其是法律法规这一部分,基本上以国家食品安全法、餐饮服务许可法等国家层面的重要法规为主要考核内容,而事实上被考核人员在餐饮服务中往往更需要对实际操作方面规章制度有所掌握。与此同时,各地市餐饮服务都有各自的特色,“一刀切”的考核试题往往很难与当地餐饮服务的实际特色结合。

职业资格考核标准与实践脱节还体现在职业教育培训上。在我国职业资格教育培训中,培训的课程、标准与实际工作结合不紧密,许多专业技术岗位、工种的课程内容主要由颁证机构决定,不能完全满足行业和用人单位的需求。培训机构耗费了大量人力物力,学习者花费大量的时间和金钱,培训效果却与实践需求脱节,造成对社会资源的极大浪费。

---

① 周光明:《职业资格许可制度研究》,《湖南社会科学》2006 年第 2 期。

2. 企业缺少建议参与渠道

当前我国职业资格制度的设立,多为政府直接推动,或授权第三方机构组织运行,缺少用人主体的视角。用人单位(尤其是企业)是知识技能的雇佣方,是职业资格制度的重要使用主体,应当对职业资格的设立和标准的设计享有参与权和建议权。而且企业在资金、设备和人员上存在优势,在职业资格标准的设定上不仅有一线经验并以实际用人需求为基础,而且有方向和趋势上的发言权。实际中,我国仍有相当一部分的职业资格目标过于单一,缺乏用人单位的视角,考核内容与用人单位的实际需求偏离。应当充分激发调动企业(尤其是行业领先企业)的直接参与或间接参与热情,为职业资格标准的制定提供参考框架,共同探索、研究和解决职业资格制度中存在的短板。

3. 标准缺少等级划分

国家层面的职业资格,多分为初级、中级、高级三个级别,例如,社会工作者职业资格、会计专业技术资格、计算机技术与软件专业技术资格等。现实中,即便是相同职业资格等级的持证人,其专业能力水平仍然存在差距,不利于从等级角度区分申请人的职业能力水平。一些职业更适宜采取具有等级区分度的评价模式,以行业自律的方式进行管理。除了统一标准的准入类职业资格,未来的发展中需要建立更多能够区分等级的水平评价类职业资格,遵循社会化、市场化机制,发挥职业资格帮助筛选人才的信息优势,从而形成符合各个层面用人主体需求的多样化、结构化、梯度化的职业资格序列。

4. 标准未能兼顾地区差异

一些职业资格标准的设计未能考虑到地方的实际情况。相当一部分的资格标准由政府统一制定,为了使我国职业资格制度能与国际接轨,各专业都坚持高标准、严要求的原则。然而,由于全国经济发展存在较大差异,我国专业技术人员地区分布不均衡,部分省区市特别是西部地区取得行政许可类职业资格的人数较少,如青海、甘肃等省除省会城市外,地级以下城市几乎没有注册执业人员,注册制度无法实施。①这也造成统一的资格证书制度在某些地区推行时背离实际需求的尴尬境地。

四、 职业资格管理体系的责权边界有待厘清

1. 政府部门间权责不清

我国职业资格制度仍存在一定的本位主义局限,缺乏必要的统筹协调,国家层面与地方层面,人社部门与各业务主管部门之间,政府机关与第三方专业化组织之间,分工协调存在一定程度的割裂现象。尤其是政府部门间权责不清,容易造成职业资格证书管理制度中的混乱。根据国务院批准的"三定"方案,人力资源和社会保障部是推行职业资格制度的政府主管部门。但在具体工作中,是多头管理。在有法律依据的 76 个职业资格中,有 50 多个是由人力资源和社会保障部会同有关部委管理的,其他 20 多个分别由各主管部门自主管理。由此产生的问题是,虽然同为国家职业资格,但各类职业资格的标准不统一,资格认证的质量参差不齐。职业资格的管理体系也需要进行科学设计,以促进各利益相关群体的分工合作与统筹协调。

2. 第三方组织存在职权争议

根据国际经验,第三方组织是职业资格管理中的重要主体,包括资格审核、组织考试、成绩评价、注册管理等工作都可以交由中介组织,尤其是行业协会、学会等具体实施。但我国这类中介组织大多是从政府管理向行业管理转型过程中建立起来的,行业协会、学会同政府行业管理部门之间存在关系不顺、职权不清等问题。同时,各行业协会、学会因历史原因,内部自律能力、行

① 陶建明:《建设行业执业资格制度的国际比较研究》,《建筑经济》2002 年第 10 期。

业竞争能力相对较弱,脱离政府后生存能力及总体专业水平、管理水平还有很大上升空间。①行业协会作为第三方组织,没有摆脱政府行政管理的思维,与行业中企业和专业技术人员形成管理与被管理的关系,抑制了行业依托市场规则进行自主发展的活力。此外,我国职业资格评价机构缺乏必要的市场竞争,同时对其运行情况也缺乏必要的监管。如何发挥第三方职业资格评价机构的主体作用,使其逐渐承担职业资格管理职能,还有待进一步探索研究。

3. 实施流程缺乏有效监督

现阶段,我国职业资格做法是采用"培训—考试—颁证—注册—监督—再培训"的运行程序。在这种程序中,考试和注册是两个最关键环节,考试是资格控制的手段,注册是职业控制的手段,它们共同构成实施程序的核心。但在实施过程中,有关政府职能部门还未能很好地指导协调职业资格制度的运转,在职业资格考试、监督等环节还存在许多问题。比如,职业资格的申请环节太多,手续太复杂。各政府职能部门在承担培训、注册等工作中,往往受到预算的限制,注册管理配套工作相对滞后,对单位如何配备职业资格专业化人员,以及如何确立职业工作规范等均没有及时跟进,对执业人员的执业情况没有形成信用登记制度,导致难以形成有效管理,影响了职业资格制度作用的发挥。②

由职业技能鉴定指导中心代替行业主管部门指派工作人员对日常评价工作进行督导,但督导模式一般局限在事中督导,也就是以巡考人员在考试现场巡视为主。但实际上,职业资格评价工作督导的内容需要包含很多方面,例如对职业技能鉴定机构组织实施鉴定情况、考评员履行职责情况以及其他涉及鉴定质量的工作行为进行监督和指导;对考评员资格、考务管理、考场秩序、考评程序、考场组织等情况进行检查;根据特有工种职业技能鉴定有关规范及督

① 陈浩、刘民慧:《我国执业资格制度体系框架研究——国家专业技术人员管理方式的转变》,《科研管理》1999 年第 5 期。

② 周光明:《职业资格许可制度研究》,《湖南社会科学》2006 年第 2 期。

导规定,对考评人员的回避、交叉使用等情况进行检查,监督其执考行为,确保鉴定公正、公平等。同时,当前督导中,对于考试难度是否符合实际情况,学员通过率是否偏高或偏低,试题内容是否为考生真实水平的客观反映,考评员阅卷准确率是否到位等事前、事中、事后督导内容则较少涉及,原因在于督导人员往往由政府人员兼任,不掌握职业资格评价专业化技能,无法针对专业领域及核心环节进行有效督导。

五、 不同资格证书间的关系有待连接互通

1. 与专业技术职务聘任制的边界有待进一步明确

从本质上讲,职业资格制度与专业技术职务聘任制度的性质存在差异,前者属于资格管理制度,后者属于职务(岗位)聘用制度。当前实行双轨制,这两种制度并行发展,相互之间的边界非常模糊。专业技术职务的评价属于职业资格管理的任务,明确申请人已经具备职业资格要求的知识、技能、能力标准,具备承担相关岗位或职务的条件。专业技术职务聘任制度是一种岗位使用方式,根据人才供给和岗位需求,可能出现高评低配和低评高配的特殊情况,造成资格与岗位的不一致。这也是用人单位在人力资源使用中的正常现象和合理行为,用人单位会按需求和现有资源匹配适当的岗位人选。同时,职业资格采用的是专家委员会评审制度,但专家委员会的组织方还是人才所在单位,评价结果反映用人单位的使用导向。原本有利于用人单位的选人用人,在实际中,由于对职业资格评价和岗位聘用的混淆,容易导致"评必须用"的误区,一旦用人单位没有多余岗位,就会影响到职业资格评价的结果,造成人才冗余与浪费。由行业协会进行职业资格评价,结果可能会更加客观,且不受用人单位岗位空余情况的影响,更有利于人才的成长和成才。由行业协会进行职业资格评价,由用人单位根据实际情况聘用,可以在很大程度上解决两种制度边界模糊带来的问题,可能成为职业资格评价未来发展的趋势。

2. 有待进一步衔接国际标准

从经济全球化发展趋势和我国"人才强国"战略的总体要求来看,需要在我国的职业资格与其他国家的职业资格间建立互认,形成国际通行的职业资格互认制度。但目前资格互认仅涉及个别行业的少数职业资格,大部分的职业资格互认还处于标准模糊、主体模糊、职责模糊、程序模糊的混沌状态,需要明确一系列关键性问题。

首先,必须明确互认的基础,即明确国外职业资格与我国相对应的职业资格之间是否具有"等值"基础。具体涉及职业资格管理框架中的学位评估、培训与实践背景以及注册考试标准等内容,是否与我国类似职业的资格评价内容本质具有等值性和对应性。

其次,必须明确互认的机构,由谁作为二次认证的机构对国际职业资格进行论证,该机构应当具有客观公正性和专业权威性,其裁定的互认结果才能被社会公众认可。由谁来发起申请互认,由谁来接收并组织开展互认工作,各类机构的权利义务边界在哪里。由谁来承担职业资格互认过程中产生的评估费用。

第三,必须明确互认的官方效力,由谁来发布国外职业资格与我国职业资格具有等值效力,政府是否认可经过民间组织论证的国外职业资格,行业协会的信息发布是否具有官方认可的效力,经认可的国外职业资格与我国的职业资格是否具有同等的权利义务法律地位。

第四,必须明确资格互认的方式,每种国外职业资格对于申请人是一事一议,还是一经互认,该种类职业资格均可获得自动认可,其他申请人只需参照相关公告即可获得我国同类职业资格的对等待遇。

第三章
国外职业资格体系的经验借鉴

本部分将对不同国家职业资格体系的制度场域及其演变历史进行研究，通过对不同国家职业资格制度进行差异化比较，梳理每种模式的制度特征、适用条件，梳理政府、行业协会、企业等多元主体的角色定位、职能分配、关系协作，及其对该国专业化人才培养的现实影响，从而总结可供我国职业资格体系借鉴的经验与启示。

第一节　日本的职业资格体系

日本是中国一衣带水的近邻，文化传统、制度传统有很多相似之处，职业资格管理体系中也存在很多共性问题，日本职业资格体系改革的经验对我国具有很好的启示和借鉴作用。

一、日本职业资格体系的特色

日本的职业资格体系与其雇佣制度发展的历史脉络一脉相承、相互渗透。日本企业处理劳动关系的传统，直接促进了内部劳动力市场制度的形成。所谓内部劳动力市场，是与外部劳动力市场相对而言的。外部劳动力市场中，一方面，企业以外部人力资源作为人才补充的重要手段，动态挑选或淘汰相应的员工;另一方面,员工也会"用脚投票"①,选择更为适宜的雇主,从而在不同的企业或组织间进行工作转换,调整其职业生涯发展。而在终身雇佣制度前提下,企业以内部的员工作为人力资源池,注重内部人力资源的不断盘活,将员工调整到更为适宜的岗位上,员工很少跨企业流动,倾向于寻求在企业内部的更好发展。在内部劳动力市场中,形成了以企业为主导的技能内部培养模式。

同时,日本的传统工匠在工业部门的技能供给上发挥了关键作用,这些工匠师傅手下有自己的技术工人以及自己培训的学徒工,他们与企业之间形成并非传统的雇佣关系,而是业务外包的合作关系。企业将生产任务承包给传统工匠师傅,工匠师傅则以独立主体的角色给企业提供技能资源,这就形成与其他国家不同的"工匠师傅体系"。该体系中,工匠师傅承担了技能培训和职业资格认证职能,其功能与德国手工业协会及英国技术工人工会相似。这些工匠师傅则逐渐转变为与大企业集团具有密切合作的供应商。

在日本企业制度传统中,员工的能力结构以企业专属性能力居多,职业能力培养以企业为主进行在岗培训,是一种基于师徒亲密关系的技能传承,职业能力评价主要依赖于技能传授主体(师傅)的主观评价和工作结果(绩效)的客观呈现。企业对员工工作能力的评价主要依赖三个因素,一是年功,即在企业服务的年限,其本质是忠诚度的体现,工作年限越长,忠诚度越高,认为其工作贡献越大。二是周围人对员工的评价,包括领导、同事对该员工品行和能力的认可程度,也属于以亲密关系为基础的主观评价。三是工作绩效,虽然是客观结果,但每个企业对绩效的定义不尽相同,不同企业之间不具备可比性。因此,在早期的日本,以国家公信力进行的第三方职业资格评价主要集中在涉及国家公共安全的技能领域评价上,一些细分领域的小众技能、企业专属性技能以民间职业资格的形式存在。

日本的职业资格体系与中国有诸多类似,两个国家职业资格制度中存在

---

① "用脚投票"这里是指员工可能会因为对工作环境、薪酬福利或企业文化不满意而跳槽到其他公司,反映了市场机制和个人选择的力量,体现了人们对更好生活质量的追求。

的问题也比较相同,例如分属于不同部门主管的职业资格采用了差异较大的评价方式,导致职业资格之间缺乏可比性,其直接后果是管理体系混乱,有的甚至交叉重复,无法构建一个井然有序、相对可比的职业资格体系,从而阻碍了劳动者在相关领域进行工作转换。同时,随着企业内部培训体系的衰弱,如何盘活社会化资源,整合高校、职业院校、培训机构的力量,形成劳动力市场上权威、通用、互认的职业资格,也是日本职业资格改革的当务之急。随着经济不断转型,日本以大企业集团为主导的内部劳动力市场模式在一定程度上遭到颠覆,非正式就业群体规模不断增大,由于主管部门不同导致评价方式不同,造成各种职业资格之间缺乏可比性,给劳动者就业、再就业及劳动力转移带来很大阻碍。同时,在职业能力培养机制还很薄弱的新兴产业,员工技能培训需求不断攀升。这对日本传统职业资格制度带来了很大挑战。

为应对这些挑战,2010 年日本成立了由内阁、厚生劳动省、文部省和经济产业省共同组成的"实践能力提升战略推进团队",探讨推动新经济增长的人才培养模式,形成"实践能力提升战略规划纲要",在企业内和全社会推行"实践能力提升战略",结合职业能力评价与开发体系,充分吸纳英国国家职业资格体系的经验,推出在国家层面可比较、可参照、能够与国际接轨的"职业段位"制度。

职业段位制度是以职业能力等级、职业资格为中心的工资制度、人才评价制度、教育制度等制度的总称,也被称为"以能力为基础的等级制度"。[①]2011年,日本政府进一步将职业段位制度细化,明确评价等级、评价方法、实施策略等主要内容,形成国家职业资格的设计标准。"职业段位"制度的最大改进在于它更加重视对实际过程(包括培训过程和工作过程)及效果的评价,以资格申请人的培训表现、日常工作表现为关键线索,以判断其是否符合申请资格要求达到的标准,实现了考试过程和培训过程的相对统一。职业段

---

① 　亚玫、樊晓光:《日本"职业段位"制度的背景与特点》,《职业技术教育》2012 年第 14 期。

位制度,从工作实际需求出发设计职业资格的评价标准,重视实际应用与工作实践,从根本上纠正了"重理论、轻实践"的职业资格评价方式。同时,职业段位制度有效整合了学校、培训机构、企业、行业协会等社会组织和团体的力量,充分发挥行业协会或专业组织在标准制定、技能评价、跨企业培训等方面的积极作用。

日本"职业段位"制度从低到高分为七个等级,相关能力描述如表3.1所示。一级为初级水平,代表申请人接受过该领域的教育或培训,初步具备从事该职业的能力。二级和三级为中级水平,相比初级水平,二级资格代表申请人有能力在指导下完成一定难度水平的工作,三级资格则代表申请人可以在没有指导的情况下独立完成工作。四至七级代表专业水平,四级资格代表申请人在三级资格的基础上,能够在团队内发挥领导的作用,给予成员一定的工作指导;五级资格代表申请人在四级资格的基础上专业技能更为卓越,在熟练应用的同时还可以创造性地开展工作。六级资格代表申请人在该领域具有较高的造诣,具有突出的成就。七级资格是"职业段位"中的最高等级,代表了一个领域最先进、最专业、最领先的技术水平。

表 3.1　日本"职业段位"评价等级

等　级	水　平	能力描述
第一级	初级水平	接受了一定的教育和训练,具备了初级培训后应有的能力
第二级	中级水平	能在具体指导下,完成一定水平的工作
第三级		即使没有指导,也能够独立完成工作
第四级		除了能够独立完成一项工作,还能在团队内发挥领导作用;能根据需要给予他人指导;掌握高度专业化的技能
第五级	专业水平	除了专业技能外,还具备某一行业、专业相关的更加高级的专业技能,即以其独特的技能(创新性)得到客户等的认可与好评
第六级		成绩显著的专业水平
第七级		代表该领域最先进的专业技术水平

资料来源:亚玫、樊晓光:《日本"职业段位"制度的背景与特点》,《职业技术教育》2012年第14期。

二、 日本职业资格制度的基本框架

日本的职业资格制度可以总结为三个层次和三大系列,即国家资格层次、民间资格层次和公共资格层次,以及公务员资格系列、专业资格系列和技能资格系列。[1]

1. 日本职业资格的三个层次

(1)国家资格。在日本,国家职业资格是指根据国家法律、通过资格考试等形式对个人的知识技能是否达到一定水平进行的行政确认资格,如果满足条件、基于行政权限可以允许个人采取一定的行为。[2]这类职业资格主要是关系国家和个人生命财产安全的职业,虽然国家资格的取得很难,但因其职业地位由国家保障和背书,享有很高的社会信誉,吸引了大批有为青年竞相报考。这类职业包括但不限于注册会计师、律师、注册税务师、药剂师、建筑师等。国家资格以国家法律法规为依据,也因此具有更高的权威性和通用性。其中,技术资格由国家各部门依据相关法律单独管理,由国家或国家委托的机构基于相关法律实施资格检定[3]考试;技能资格由劳动省负责综合管理,具体事务委托中央职业能力开发协会组织实施。其中,内阁府、总务省、法务省、财务省、文部科学省、农林水产省、经济产业省、国土交通省、环境省和厚生劳动省等职能部门均有具体负责的国家资格考试。例如,司法考试由日本法务省负责,税理士(注册税务师)由日本财务省负责,建筑士(注册建筑师)由国土交通省负责。

(2)民间资格。民间职业资格是指由地方行业协会等民间社会团体或者

---

① 刘程程、邢占军:《日本国家职业资格考试概述及其启示》,《中国考试》2012 年第 9 期。

② 刘程程:《日本职业资格制度概述及其对我国的启示》山东大学 2013 年硕士学位论文。

③ 日语中"检定(けんてい)"在教育、职业资格等领域,指通过考试来检验某人是否具备相应的知识或技能水平。例如,日本语能力检定(日语能力考试)、教师资格检定试验(教师资格考试)。本书在梳理分析日本职业资格评价体系时,保留日语中"检定"的表达方式,其余部分则使用"职业资格鉴定"。

大型企业组织依据自己设立的审核标准进行职业资格认定,主要在国家没有进行管理的职业领域开展工作。民间资格的设立与日本企业内人才培养模式息息相关,大企业集团根据自身用人需求与用人标准设立相关职业资格,并对员工进行认证,便于企业内部管理。因为缺乏相关法律作为指导,缺少政府的公信力作为背书,这些职业资格的社会认可度参差不齐,主要取决于颁发证书机构的社会影响力。一些大企业集团进行的职业资格认证,代表了一项技术技能的行业最高标准,受到社会各界广泛认可;而另一些职业资格由于颁证机构社会知名度较低,职业资格证书社会认可度有限;甚至一些民间职业资格只适用于特定区域。

(3)公共资格。在日本,公共职业资格是介于国家资格和民间资格之间的一种职业资格层次,是民间资格中被政府认定对国家和社会有益的资格。与国家职业资格不同,公共职业资格的标准虽然也由文部科学省、经济产业省等政府机构审核认证,但考试的组织实施机构和颁证机构并非为政府官方机构,而是公益法人、民间社团等民间组织,因此从性质上来看,公共职业资格仍属于一种民间资格,但其社会认可度较高,通常高于一般民间资格。公共职业资格通常作为国家职业资格的后备资格而存在,一些国家资格以具备特定公共资格为报考条件,例如日本国家资格中的税理士资格,须具备商簿记检定1级资格(公共资格),才可以报名申请考试。一些公共职业资格是从事特定行业或岗位的前置性条件,例如证券公司外务员岗位必须具备证券外务员资格。公共职业资格的特点在于通用性和实用性,取得相关职业资格意味着已经具备一定的实用性技能,例如英语技能、实用数学技能、簿记技能等,这些职业资格虽然没有国家法律和政府公信力的背书,但因其应用广泛,社会信用度和社会认可度也很高。

2. 日本职业资格的三大系列

根据日本《国家资格考试制度六法》,日本的职业资格考试分为公务员国家资格考试、事务系国家资格考试、技术系国家资格考试三大系列,[1]也有学者将其分为公务员资格、专业资格和技能资格三大系列。[2]

（1）公务员资格系列。日本职业资格制度与中国职业资格制度有很多相似之处,最大差异莫过于日本公务员资格考试也属于国家资格考试的一种类型。公务员国家职业资格考试主要针对公益性强、关系到国家基础的特殊领域。例如普通公务员、国税专门官员、外务公务员,以及警察、消防等涉及公共安全的特殊领域。[3]除了公务员以外,还包含中小学教师、国家博物馆管理员、统计员、残障学校教员等职业,是职业类别中比较特殊的一个类别。

（2）专业资格系列,属于执业类资格,在日本俗称"士业"类职业资格。主要针对专业技术岗位,涉及知识产权律师（弁理士）、会计师（会计士）、税务师（税理士）、中小企业诊断士、社会保险劳务士、行政诉讼律师（行政书士）等职业,覆盖司法、会计、不动产、建筑、土木、医疗、福利等行业和领域。日本劳动基准法中将"士业"系列职业者定义为具有高度专业知识的人员。对涉及生命安全与精神福祉、具有重大社会责任的行业和领域,职业资格的评价标准把关极其严格。例如,日本《技术士法》将"技术士"定义为"具有高度的专业应用能力的技术人员",[4]全面考虑技术士资格的理论与实践两方面的要求,资格考试分为预备考试和正式考试,预备考试主要考察技术士必须具备的基础知识,正式考试则侧重考察实际应用能力。此外,专业资格系列的前置性申报条件要求也很高,例如要求资格申请人具备一定年限的工作经验,以及大学本科及以上学历或同等学力。

（3）技能资格系列,又称为"技能士"资格检定,属于从业类资格。"技能士"资格检定,主要针对操作技能型工作而展开,同样实行职业准入制度,只有

---

① 苗月霞:《日本职业资格管理制度的经验及借鉴》,《国际人才交流》2010年第3期。
② 单天洪:《日本专业资格与技能资格的职业准入制度研究》,《机械职业教育》2017年第4期。
③ 刘孟州:《日本职业资格考试制度的现状及对我们的启示》,《日本问题研究》1998年第3期。
④ "技术士"即注册工程师制度,是日本"士业"系列中颇具特色的一类资格,唯有国家资格才有的资格名称。

通过相关考试,才能获得从业资格。其与"技术士"的不同之处主要体现在两个方面:第一,技能资格对学历没有严格的前置性要求,但具有相关学历和学科培训经历也有相对优势,可在职业资格考试时获得部分学科免试、工作年限减免的折算。第二,"技能士"资格具有等级,按照由高到低的顺序共分为七级,最高级是特级(管理级),其次是一级(高级),二级属于中级,三级属于初级,四级和五级属于基础级,以及单一等级(相当于高级)。技能检定的主管部门是日本厚生劳动省,下设具体技能领域的部门,共管辖 95 个大类的技能资格。①

严格的职业准入是日本职业资格体系的一大特色,具体体现在对职业资格考试的严格管理上。不仅参加职业资格考试需要申请人具备一定条件,例如,在相关岗位上的工作年限或学历水平;而且职业资格考试的通过率很低、淘汰率非常高,例如,日本计算机软件的专业资格通过率仅为 8.4%,技术士考试的合格率仅为 20%,税理士考试的合格率为 10%,律师考试合格率为 23%,②对职业资格申请人能力素质进行高标准评价,确保了资格证书的含金量。

三、 日本职业资格制度的管理体制

日本的职业资格管理,根据专业资格考试(执业资格)和技能检定(从业资格)分别对应两种管理体系:

1. 专业资格考试(执业资格)的管理体制

专业资格考试对应执业资格的取得,主要针对涉及国家安全和社会稳定的职业领域,进行以法律为基础的职业准入机制,其本质是一种行政许可,需要借助政府公权力的授权与背书,政府各职能部门是该类职业资格的主管单

---

① 单天洪:《日本专业资格与技能资格的职业准入制度研究》,《机械职业教育》2017 年第 4 期。

② 苗月霞:《日本职业资格管理制度的经验及借鉴》,《国际人才交流》2010 年第 3 期。

位。根据考试实施主体的不同,又可以分为政府主导模式和行业协会主导模式,①大部分准入类的资格考试由政府部门直接组织运行。

(1) 政府主导模式

顾名思义,政府主导模式是指由中央政府部门直接组织、统一管理的职业资格考试体制。执业资格会以特定法律作为依据开展工作,政府主管部门是相关行业立法的推动机构,在相关法律法规框架下,设计职业资格考试的管理架构与运行规则,对考试的组织实施过程进行监督管理(参见图3.1)。

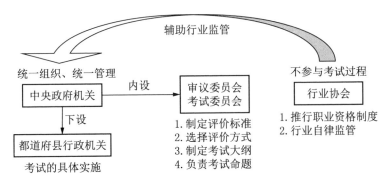

图 3.1　日本职业资格的政府主导体制

资料来源:根据刘程程:《日本职业资格制度概述及其对我国的启示》,山东大学2013年硕士学位论文修改而来。

通常这些政府主管部门会内设相应的考试委员会,专门负责职业资格标准制定、评价方式选择、考试大纲设计、考试命题等工作。考试委员会的成员由政府主管部门任命,由该领域比较权威的专家学者组成,全程需要遵守严格的保密要求。例如,日本的技术士审议委员会和考试委员会设在科技长官厅内,审议委员会由15名委员组成,委员由内阁总理大臣任命,任期两年,负责审议有关技术士考试的重大事项;考试委员会委员有350人,由科技厅长官任

---

① 刘程程:《日本职业资格制度概述及其对我国的启示》,山东大学2013年硕士学位论文。

命,负责考试的命题等具体事项。①考试的具体实施由主管部门的下级单位,都道府县的行政机关负责。对考试合格者,由中央政府部门授予职业资格证书,统一进行注册管理。在政府主导模式中,行业协会仅发挥辅助功能,不参与职业资格考试过程,仅负责推行职业资格证书制度,并对获得执业资格证书的持证人进行行业自律监管。

(2)行业协会主导模式

行业协会主导模式是指由政府委托授权行业协会或社会团体负责职业资格考试具体实施的管理体制。在这种体制中,政府负责职业资格的政策制定、立法推动,进行职业资格制度的宏观管理,将具体事务性工作委托给行业协会等第三方机构,负责对职业资格认证过程进行监督指导。受委托的行业协会或社会团体具体负责职业资格考试的全过程。具体包括:职业资格标准的设计、考试大纲的制定、考试命题、考试过程的具体实施、考试成绩的打分、考试结果的公布等(见图3.2)。对考试成绩合格者,以政府主管部门的名义授予职业资格证书。

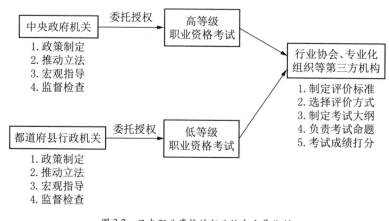

图 3.2　日本职业资格的行业协会主导体制

资料来源:本书设计。

---

① 苗月霞:《日本职业资格管理制度的经验及借鉴》,《国际人才交流》2010 年第 3 期。

　　在日本,有一些职业资格区分不同等级,高等级资格由中央层面主管部门负责,低等级资格则由相应的都道府县行政机构负责。在此情况下,不同层级政府部门委托相应行业协会或社会团队开展对应层次职业资格考试工作。行业协会主导模式的优势在于能够克服政府主管部门与行业发展实际需求相脱节的问题,在职业资格标准制定上更具专业优势,能够以公正第三方的视角对职业资格进行客观评价。

　　以日本知识产权管理工程师为例。知识产权工程师属于国家职业资格,由厚生劳动省作为主管部门,相关考试工作委托给知识产权教育协会具体实施。知识产权教育协会根据日本《知识产权基本法》组建,负责"设计评价知识产权能力水平的资格考试制度,制定知识产权人才能力标准,开发知识产权培训课程,编写出版教材,负责职业资格考试命题,实施职业资格考试,进行职业资格认证"等具体工作。[1]日本知识产权管理工程师资格分为三个等级,三级是为了拓宽知识产权的视野,致力于知识产权的普及,面向全社会所有群体开放。二级在三级基础上,侧重于考察申请人发现问题的能力,主要面向知识产权事务工作者。一级不仅要求申请人具有较高的实务操作能力,而且还要具有较强的问题解决能力,因此除了基础知识的考试环节以外,还需要接受实务技能面试。

2. 技能检定(从业资格)的管理体制

　　技能检定属于从业资格的范畴,本质上属于对申请人技能水平的认证,主要围绕"技能士"的资格评价而展开,其主管机构是日本厚生劳动省。日本的《职业能力开发促进法》是一部规范从业资格的法律,包括 8 章 108 条,系统规定了资格定义、管理主体、实施细则等各项内容。其管理体制充分体现了政府部门与行业协会的协同治理(见图 3.3)。

---

① 袁娟:《日本知识产权管理工程师职业资格制度研究》,《科技与法律》2009 年第 4 期。

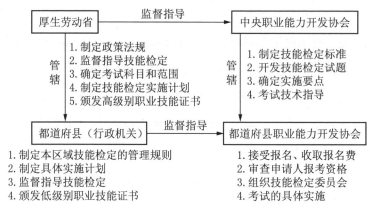

图3.3　日本技能检定的管理体制

资料来源:根据刘程程:《日本职业资格制度概述及其对我国的启示》,山东大学硕士学位论文2013年设计修改。

　　厚生劳动省是职业技能检定的权威管理机构,发挥着统领全局的作用,负责技能检定相关政策制定、立法推动,制定技能检定的实施计划,确定技能检定的考试科目和范围,监督指导行业协会技能检定考试工作。同时,特级、一级、单一等级的证书代表"技能士"的高等级水平,证书与徽章由厚生劳动大臣签署、颁发。

　　都道府县的行政机关是中央机关的下辖机构,在厚生劳动省的领导下,负责地方技能检定行政管理工作。具体负责制定管辖区域技能检定工作的管理规则,在国家技能检定实施计划基础上,细化完善本区域的具体实施计划,监督指导地方行业协会技能检定考试的实施过程。同时,二级、三级、基础级的技能资格由都道府县负责管理,证书和徽章由各都道府县知事或由政府指定的行业协会理事长签署和颁发。

　　中央职业能力开发协会是日本厚生劳动省管理的民间法人,作为全国层面的职业能力开发专业化组织,专司负责日本职业技能的研究与开发工作,具体负责职业技能检定的标准设计、试题开发、实施要点提炼,并对技能检定考试工作进行技术指导。同时,中央职业能力开发协会还肩负着传播推广职业技能检定制度的辅助性职能。

都道府县职业能力开发协会是技能检定制度的具体执行机构。该机构也属于法人机构,由都道府县管理,同时也是中央职业能力开发协会的成员单位,接受其业务指导。都道府县职业能力开发协会负责职业技能检定工作的具体实施,其职能包括接受报名、收取报名费、审查申请人的报考资格和免试资格、组织技能检定委员会、负责具体的考务工作等。

四、 日本行业协会的性质与职能

日本的行业协会组织方式深受日本传统文化影响,除了专业性行业协会以外,不同行业协会之间也抱团取暖,形成很多综合性商会。

1. 综合性协会与专业性协会

综合性商会通常是指由全国或地区工商业者自愿组成的团体,包括若干企业及行业协会,其任务目标是协调地区或整个国民经济的发展。比较知名的综合性商会有日本商工会议所、经团联、日经联、同友会、全国商工会联合会、全国中小企业团体中央会等,其中经团联、日经联、同友会、商工会议所被人们称为"日本财界四大团体",在发展中逐步形成相对突出的地位,在日本发展工商业,促进经济繁荣,增进国际交流合作等方面发挥了重要作用。[1]

其中,商工会议所是依据 1953 年日本的《商工会议所法》设立的特别认可法人组织,该组织的性质、职能、组织机构和事业活动均受到《商工会议所法》的规范,属于中小企业联合会,肩负着扶持中小企业、协调中小企业与大企业之间关系的职责。[2]由于中小企业内部培训机制的薄弱,商工会议所还肩负着人才培养的职责,定期开办各种培训班,并在全国范围举行珠算、簿记、英文打

---

[1] 余晖等:《行业协会及其在中国的发展:理论与案例》,经济管理出版社 2002 年版。

[2] 佚名:《日本经济迅速发展商会作用不可替代》,《中国商人》2010 年第 5 期。

字、商业英语、文字处理、推销等通用性技能的职业资格考试,帮助企业人员提高专业技能。职业资格考试所收取的费用也是其日常运作经费的组成部分之一。但商工会议所的行为受到政府主管部门的监管和指导,按照《商工会议所法》的规定,商工会议所的新设、搬迁、解散、清算、完结等需依政府政令规定进行登记,商工会议所的活动应接受通产省的指导。①

专业性经济团体,即行业协会,以促进行业协作发展和技术进步为目标,并由行业工商业者自愿组成的团体,如全国银行协会联合会,日本证券业协会,日本建筑士上材工业会,日本产业机械工业会,日本钢铁联盟,日本电子工业会,日本化学工业协会等。行业协会还可进一步细分为大行业协会和小行业协会,大行业协会如电子行业协会、计算机行业协会,小行业协会如电线电缆行业协会、测量仪表行业协会等。新团联的成员都是大行业协会,共有 120 个大行业协会成员,日本电子行业协会就是其中之一,代表整个电子行业的制造商利益,负责协调电子行业的内外部关系。②由于行业协会的专业属性,其在职业资格标准制定方面具有天然的优势,因此日本很多民间职业资格由行业协会设立,进行相关考试,并以行业协会的名义发放资格证书。日本有些国家职业资格认证,虽然由政府直接管理,但会将部分职能委托给行业协会执行,例如标准制定职能、资格考试的考务职能、注册管理职能等。

日本有很多形式各异的行业协会(经济团体),各种团体之间分工有序,责任明确,相互协调,共同发展。这些行业协会的设立与运作,既借鉴了西欧大陆型行业协会的功能作用,也广泛吸收了英美型行业协会的特点,形成日本独特的中间型组织体系。一方面,同英美行业协会相似,日本的行业协会实行自由入会原则,充分代表行业利益,在相关立法上与政府进行磋商。日本的企业一般不与政府直接打交道,而是通过协会与政府进行沟通,这种做法能大大减少摩擦纠纷,避免特殊利益集团之间无法达成一致意见,提高

---

① 佚名:《日本经济迅速发展商会作用不可替代》,《中国商人》2010 年第 5 期。
② 同上。

政企之间的合作效率。另一方面,日本政府对行业协会的监管多于英美商会。行业协会的设立及开展的各项活动,不仅需要遵循相应的法律、章程及有关规定,而且需要接受政府有关部门的引导。例如,日本通商产业省联系的商会、行业协会等就有1200个之多,以保证这些组织的活动与政府的政策目标之间相协调①。

2. 日本行业协会的性质

在日本,行业协会性质的一个重要衡量标准就是其与政府之间存在何种关系,行业协会的成立是否以相关法律为基础,行业协会是否需要在政府主管部门注册登记,政府是否对行业协会进行资金支持,以及行业协会如何发挥作用。据此,可区分出三种性质的行业协会(见表3.2)。

表3.2　日本行业协会的三种组织性质

	政府批准	经费来源	作用发挥
自组织团体性质	地方备案 免登记	会员会费 政府无支持	行业自治 协调会员关系 减少摩擦冲突 行业利益最大化
工业会性质	政府批准方可成立	会员会费 委托补助金	征集会员意见 与政府沟通 提供决策咨询建议 推动相关立法决议 推动经济发展
特殊法人性质	根据相关法律 由政府筹建	政府全额拨款或部分拨款 会员会费 技能检定等事业收入 委托补助金	接受政府咨询或委托 推动政府经济政策 职业资格考试评价

资料来源:徐家良:《互益性组织:中国行业协会研究》,北京师范大学出版社2010年版设计。

(1)自组织团体性质的行业协会。在日本,一些行业协会的成立标准比较宽松,成立时不需要通产省批准,规模较大的行业协会仅需要在本地(都道

---

① 　佚名:《日本经济迅速发展商会作用不可替代》,《中国商人》2010年第5期。

府县）备案，规模较小的则由中小企业自由组织，形成自组织团体类行业协会。这类行业协会主要包括企业组合、事业协同组合、协事组合和商工组合，[①]其主要发挥协调与扶助职能，为成员企业提供信息服务、行业咨询、职业教育、改进行业技术等服务，负责与整个行业有关的事务，具体的贸易信息、投资、出国考察等事务，并尽量协调成员企业之间的关系，减少冲突和摩擦，形成行业自治，促进行业利益最大化。会员企业的会费和捐赠是其主要经费来源，[②]因为会员具有较大的自主性，有自由选择入会和退会的权力，因此该类行业协会需要通过提供优质的会员服务来博得会员认可和青睐。会员通过加入行业协会，能够提升自身解决行业问题的能力，通过行业协会的规模效应，取得成本优势。

（2）工业会性质的行业协会。工业会是日本比较重要的一类行业协会，政府对这类协会非常重视，其成立的条件也相对严格，需经过政府主管部门的批准方可成立。工业会性质的行业协会需要由工业企业提出申请，按照成员组成的不同方式，分为地区性行业协会、跨行业专业性行业协会和全国性行业协会。地区性跨行业的行业协会，如日本商工会议所、地方商工会议所。专业性行业协会由政府经济主管部门（通产省）审核批准，如日本汽车工业会、日本钢铁联盟。全国性的行业协会，有经济团体联合会（经团联）和日本经营者团体联盟（日经联）。工业会性质的行业协会主要行使意见征集职能、沟通协调职能、决策咨询等职能，尤其是全国性行业协会与政府有固定的沟通对话机制，反映会员意见、代表行业利益，在推动行业发展规划、行业立法、协调政企关系上具有关键作用。会员会费是这类行业协会的经费来源，此外接受政府委托完成咨询调研等任务时，也会获得政府的委托补助金。

（3）特殊法人性质的行业协会。特殊法人性质的行业协会以相关法律为依据组建，使命是为了实现政府的经济政策，因此政府在行业协会的组建上具有重要的推动作用。该类行业协会与政府关系紧密，接受政府直接或间接的

---

① 组合一词指同业公会、工会、行会、合作社等。
② 徐家良：《互益性组织：中国行业协会研究》，北京师范大学出版社 2010 年版。

指导,配合政府行政指令的实施,接受政府的委托完成行业公益事项,对政府相关决策进行前期调研,提供决策咨询建议。此类行业协会与政府之间也有固定的沟通渠道,参与政府相关政策的制定与落实,同时也获得政府的大力支持,主要体现在政策支持和资金支持两个方面。政策支持是指政府会将一些行业公益性事务直接委托给这类行业协会,例如职业资格认证考试工作、行业标准制定等。资金支持是指政府会根据需要对这类行业协会提供全额拨款或部分拨款,确保其拥有充足的活动经费,以行使行业管理职能。从经费来源可以看出,这类行业协会的主要职能是协助政府进行行业管理,很大程度上体现了政府的立场。

3. 日本行业协会在职业资格体系中的职能

在职业资格体系中,日本的行业协会发挥了重要作用。在民间资格中,行业协会作为职业资格认证的主办方,负责职业资格的全流程管理。在公共资格中,行业协会认定的职业资格受到政府层面的认可,上升为准国家资格。在国家资格中,政府在一些领域会将相关事项委托给行业协会,行业协会起到重要的参与、协调、辅助作用。

（1）民间资格。民间资格多由自组织团体性质的行业协会和工业会性质的行业协会发起、组织、运作、实施。由于任意团体性质的行业协会影响范围有限,多集中在某些细分领域和特定区域,其所组织的职业资格认证主要针对某些小众领域,通常为民间资格。工业会性质的行业协会,在国民经济发展中具有至关重要的作用,对所属领域最先进的技术技能也具有较为前沿的把握,由这些机构认证的职业资格,常常反映本领域的实践需求,顺应实践发展趋势,是符合市场主体需求的职业资格设计。这类职业资格在没有获得政府认可之前,仍然保持着民间资格的性质。针对民间职业资格,行业协会作为发起方会全流程掌控,包括职业资格的框架设计、标准制定、考评方式的选择、考试命题、报考工作、考务工作、成绩评价、证书核发等一系列环节。

（2）公共资格。公共资格多来源于在日本国内影响力较大的工业性质行业协会组织的职业资格评价。这类职业资格,起初也属于民间资格。随着实践的发展,这些资格逐步获得市场和社会的认可。也由于所属行业协会影响力巨大,多集中在全国层面,在一些通用性领域或对国家发展和社会安全具有重要影响的领域,职业资格的认证效力也受到政府相关部门的认可,升级为公共资格,成为国家资格的后备库。上升为公共资格后,为了彰显社会公平,国家主管部门会参与职业资格评价的一些环节,例如标准制定和考试实施等,替代原来由行业协会行使的一些职能。但在这一过程中,行业协会需要协调企业与政府之间的关系,传达企业对职业资格标准制定和认证方式的合理化建议,发挥沟通桥梁纽带的作用。

（3）国家资格。在国家职业资格中,行业协会也会体现关键价值,主要在接受政府职能部门的委托,参与职业资格评价的特定环节。这类协会通常为特殊法人性质的行业协会,政府依据相关法律成立行业协会的目的就是为了贯彻执行政府行业管理的职能,承接职业资格考试任务成为其重要使命。此外,国家职业资格的框架体系、标准制定等前期工作,行业协会也会重点参与,通过专项项目的重点调研,收集行业中市场主体的重要意见,形成国家标准,作为职业资格评价的重要依据。一些行业协会还会接收政府的委托,承担职业资格考试的职能,其所颁发的职业资格证书,也会以政府的名义发放。

日本行业协会遵循市场经济的自由公平原则,服务于会员企业,同时又基于本行业的利益,向政府提出意见和建议,派代表参加政府组织的各种形式审议会,对政府产生影响。日本行业协会在经济活动中发挥着非常重要的作用,协调市场主体之间的利益关系,对资源进行配置,补充市场经济制度下的不足和缺陷,服务中小企业,协助政府对经济运行进行调控。

五、 日本职业资格体系的特点与启示

日本的职业资格管理属于非竞争性集中管理,即由政府或政府授权的权威机构集中推行和管理职业资格制度。政府,尤其是中央政府在职业资格制度中占据主导地位,负责法律制定和宏观管理。与此同时,政府也注重发挥行业协会的作用:在政府主导型考试中,行业协会是政府推行行业管理的重要抓手;在行业协会主导型考试中,行业协会是职业资格考试的具体承办者。政府部门和民间力量相辅相成,共同构成日本国家职业资格制度的管理框架。

职业培训与资格考试分立。"培考分立"是指在对劳动者进行职业技能鉴定时,职业培训机构不能鉴定自己培训的人员,而技能鉴定单位也不能既搞鉴定又搞培训。日本的经验在于利用第三方进行职业资格评价,以客观的视角评价培训效能,有助于高素质人力资源队伍的养成。这与"谁培训、谁考核、谁发证"的做法完全不同,将第三方作为培训监督的重要力量,以公开平等竞争原则,促进人才培养和能力素质提升,[1]完善职业资格管理的权力格局。

日本对职业资格获得者实行社会化动态管理。规定准入类职业资格考试合格者,必须到政府主管部门登记注册,由政府发放相应证书,作为自行开业或单位聘用的法律依据。如技术士资格,在科技厅登记发证;建筑士资格,在建设省及所在都道府县内登记发证;医师资格,在厚生省登记发证。当持证者违反相关法令时,会受到相应处罚,如处以罚款、宣布若干年内停止使用登记注册证和取消资格,情节严重的,将被判处徒刑。[2]

第二节 英国的职业资格体系

在英国工业化早期,职业工会的力量不断壮大。虽然英国技能培训也采

---

① 刘孟州:《日本职业资格考试制度的现状及对我们的启示》,《日本问题研究》1998 年第 3 期。
② 苗月霞:《日本职业资格管理制度的经验及借鉴》,《国际人才交流》2010 年第 3 期。

取师徒制,新员工的培训由技能熟练的工匠负责,但职业工会与技能依赖型企业协会之间一直就师徒制的主导权展开争夺。英国职业资格体系的核心问题在于瓦解工会对生产现场的控制从而实现企业管理层在其中的控制权。因此,在技能标准制定方面,英国以行业为单元,产业指导机构负责本行业国家职业资格标准的制定和完善,重视市场导向和企业的需求。在职业资格教育培训上,英国实行职业资格证书与学历证书等值承认的制度,大大拓宽职业技术实践与系统理论知识的交流渠道。英国将职业资格与教育资格纳入同一框架体系,以职业操作标准为基础,根据行业认定的职业能力与成绩标准划分职业大类,形成一套多元参与、注重实效、等值认可的职业资格证书制度。从工作的体制机制上,成立由国家职业资格委员会、产业指导机构、证书机构和鉴定站等多元主体共同参与的工作体系,国家职业资格委员会负责国家职业资格证书的宏观工作,行业协会、学校、企业及其他相关的各种社会组织和团体也在这一过程中协同发挥作用。

一、 英国职业资格制度的特色

1. 国家职业资格证书制度

在职业资格证书的管理上,英国曾经面临与中国相似的问题,比较典型的问题包括:职业资格证书种类繁乱,名目各异,体系复杂,有的甚至交叉重复;学习形式僵硬,灵活性不足,职业资格的考试通过率较低,很多人半途而废;资格证书的含金量不易衡量,不同资格证书之间的可比性也较低,缺乏统一的社会标准等。为了治理这一乱象,整合社会上纷繁复杂的职业资格证书,20 世纪80 年代,撒切尔执政的联合政府下定决心构建一个全国性、联合性职业资格认证体系。1986 年联合政府成立国家职业资格委员会,负责全面开发和管理国家职业资格证书体系,自上而下推进国家职业资格体系建设,地方不得干扰国家职业资格体系的整体框架,但可以作为重要力量参与其中。同时,将当时主流的行业协会、社会性组织以及区域性考试机构等民间力量有效整合动员起来,作为国家职业资格体系执行机构,有效提升了国家职业资格体系的效率性和社会公平性。

2. 职业资格与普通教育资格相融合

英国国家职业资格体系的一个重要特征就是开发了职业资格证书与学历文凭证书并重的等值认可体系。其初衷是鼓励民众进行终身学习,开辟终身学习的职业技能发展通道。同时,此举有助于学历教育与职业教育相互融合对接,将两者处于平等统一的地位,从制度上确立了技能和知识的等价地位,提高了职业资格证书的民众认可度,提升了技能人才的社会地位,对于鼓励技能人才发展和促进技能人才培养具有极其关键的作用。英国规范资格体系共包括入门级和1—8级,将以知识为基础的文凭和以技能为基础的资格证书对应起来(见表3.3)。

表3.3 英国国家规范资格体系中不同资格之间的对应关系

等　级	等值性证书内容
入门级	入门级单科获奖证书(award)、证书(certificate)、文凭(diploma) 入门级非母语英语资格证书(ESOL) 入门级基本技能;入门级实用技能;生活技能
1级	普通中等教育证书(成绩D—G) 1级单科获奖证书(award)、证书(certificate)、文凭(diploma) 1级非母语英语资格证书(ESOL) 1级基本技能;1级实用技能 1级国家职业资格(NVQ) 音乐1—3级技巧水平
2级	普通中等教育证书(成绩A*—C) 中级学徒资格 2级单科获奖证书(award)、证书(certificate)、文凭(diploma) 2级非母语英语资格证书(ESOL) 2级基本技能;2级实用技能 2级国家证书;2级国家文凭 2级国家职业资格(NVQ) 音乐4—5级技巧水平

续表

等 级	等值性证书内容
3级	高等教育入学文凭 高级学徒资格 综合应用(applied general) 国际学士文凭(international Baccalaureate diploma) 3级单科获奖证书(award)、证书(certificate)、文凭(diploma) 3级非母语英语资格证书(ESOL) 3级国家证书;3级国家文凭 3级国家职业资格(NVQ) 音乐6—8技巧水平
4级	高等教育证书(CertHE) 高等学徒资格 高级国家证书(HNC) 4级单科获奖证书(award)、证书(certificate)、文凭(diploma) 4级国家职业资格(NVQ)
5级	高等教育文凭(DipHE) 基础学位 高级国家文凭(HND) 5级单科获奖证书(award)、证书(certificate)、文凭(diploma) 5级国家职业资格(NVQ)
6级	学徒学位(degree apprenticeship) 荣誉学士学位——如文科荣誉学士(BA)、理科荣誉学士(BSc) 大学毕业生证书;大学毕业生文凭 6级单科获奖证书(award)、证书(certificate)、文凭(diploma) 6级国家职业资格(NVQ) 普通非荣誉学位
7级	综合硕士学位,如工程硕士(MEng) 7级单科获奖证书(award)、证书(certificate)、文凭(diploma) 7级国家职业资格(NVQ) 硕士学位,文学硕士(MA),理学硕士(MSc) 研究生证书;研究生教育证书(PGCE) 研究生文凭
8级	博士学位,如哲学博士(PhD or DPhil) 8级单科获奖证书(award)、证书(certificate)、文凭(diploma)

资料来源:Qualification and Component Levels[EB/OL].(2016-10-22)[2016-10-22].

3. 定性评价与定量评价相结合

适应劳动力市场发展,贴近工作场所对职业技能的需求是英国职业资格体系又一显著特点。相关评价标准建立在岗位能力需求的基础上,采用定性评价与定量评价相结合的方式,从定量的角度评价申请人知识水平,从定性的角度评价申请人实际操作能力,并根据岗位的具体情况,对定性评价和定量评价设计不同的比重。尤其对技能型岗位来说,以企业为中心、以工作现场考评为依据,考试成绩的硬指标并不能起到决定性作用,而工作中的实际表现被赋予更多的权重。技能类的职业资格,工作现场考核的比重可能会大于理论知识考核。①

4. 灵活的学分制度框架

英国的国家职业资格体系采用非常灵活的学分制,每个职业资格由若干学习科目组成。申请人参加考评的前提是,每个学习科目需要满足一定学习时间要求,取得相应学分。一些相关领域的职业资格,还可能涉及共同的学习科目,在其中一项职业资格中已经获得的学分,在另一个职业资格中同样有效,可以申请免修。学分制框架中,申请人可以选择灵活多样的学习形式,不仅可以选择传统的课堂培训,也可以选择新兴的线上培训;不仅可以选择全日制教育,也可以选择业余时间的培训或远程教育等多种形式;甚至在学历教育中已经学习并通过考试的科目,也可以转化为相应的学分,对申请职业资格证书同样有效,可以申请免修。资格学习制度依托强大的国家数据库,记录个人在相关领域的学习成就,形成电子化积分,可生成电子形式的资格证明,以此来支撑灵活学习路径的实现。学分制的职业资格体系,学习形式多样,不同职业资格之间的学分还可以转换和共享,能够极大优化学习者的学习时间,避免职业资格的交叉重复,有助于学习者的持续学习、领域拓展和终身学习。

5. 考培分离的第三方认证机制

考培分离的第三方认证机制也是英国职业资格体系的一大特色。为确保

---

① 郭伟萍、刘春生:《英国职业资格证书制度的产生、发展及其对中国职业教育的启示》,《未来与发展》2006年第1期。

职业资格质量和社会公平性,职业资格考评环节和证书发放环节会由专业化机构来负责。尤其是掌握本领域专业化知识的行业协会等社会性团体,作为考评主体,以客观第三方的视角对申请人的知识技能水平进行公正评价。这一过程不仅需要接受政府行政机构监管,而且受到社会舆论监督。英国资格与考试管理办公室(Ofqual)依法对颁证机构的资格开发工作进行审查和监管,如果发现颁证机构不符合国家职业资格体系的相关标准,英国资格与考试管理办公室(Ofqual)有权对其实施相应的惩罚。第三方机构的评价主体地位并非垄断性的,而是竞争性的,其服务质量与评价结果的公正性将影响到下一个周期该机构是否能够获得职业资格评价的主体资格。

培训与评价是相分离的。职业资格的相关培训由"培训提供方"(Training Provider)来提供。在英国,职业资格培训的提供方可以是高校,可以是职业技术学校,可以是私人培训机构,甚至可以是企业内设的培训部,它的性质没有严格的限制,只要能够提供和承担相应的培训内容,都可以成为培训提供方。根据每项职业资格的具体特点,培训提供方负责开发和执行相应的培训方案,该方案涵盖职业资格单元中规定的技能和知识。培训提供方还会向目标学习群体和职业资格的使用方(即企业或其他性质的雇主)推销自己的培训方案,吸引更多的学习者报名参加。培训供应方为学习者提供培训和职业资格评价的相关咨询,认证他们的学习过程和学习时长。在培训结束后,培训提供方会选择相应的颁证机构,推荐学习者申请颁证机构的评价,作为培训质量和成效的客观检验,颁证机构会对通过考评的申请人颁发职业资格证书。颁证机构通过定期的外部审查、抽查、调查取样等方式,考核培训提供方的培训质量,以动态监督培训提供方所提供培训产品的有效性。

二、 英国职业资格制度的基本框架

英国国家职业资格体系面向各类职业,通过为资格授予学分对职业技能进行认证,力求通过一个体系来统一英国各式各样、冗杂的资格认证,努力实现职业教育和普通教育的等值互换,来满足学习者多样化、个性化学习需求,致力于教育终身化和全纳性的实现,①因此该体系也称为英国资格与学分框架(Qualifications and Credit Framework,QCF)。资格与学分框架包含几个核心要素:学分、单元和资格,以此为基础框架,开发职业资格的相关课程与考试规则。以下对该体系进行简要介绍:

1. 学分

在英国资格与学分框架中,学分用来描述学习过程价值的大小,在一定程度上反映学习的任务量,通过国家学习时间(National Learning Time)加以衡量。国家学习时间作为一种基准,代表学习者完成标准学习目标并达到考核要求所需要的平均学习时间。学分的本质是对学习时间的认可,1学分代表10小时的国家学习时间可达到的学习成果。学分的取得不以学习形式为硬性要求,无论以何种形式,只要完成学习内容并达到考核要求,就可以获得相应学分。学分可以累积、可以转化。

学习者注册服务中心(Learner Registration Service)会为每个申请人注册一个独一无二的身份识别编码(Unique Learner Number),类似于身份证号码,将学习者的学习成果录入国家认证资格数据库,用于积分信息存储和查询。通过该编码可以检索到申请人的积分成就和历史学习信息,雇主和颁证机构也可以登录该系统,查询特定申请人的积分状态与学习情况。

2. 单元

单元(unit),也可以称之为模块,是英国国家职业资格体系中的起始单位和最小学习单位。几个相关联的单元组合在一起,就构成一个职业资格。所

---

① 陈静:《英国资格与学分框架运行体系及特点》,《现代教育管理》2014年第11期。

有资格积分框架下的职业资格均是以单元为基础进行开发设计的,根据职业资格认证标准,将相关维度设计成若干个单元,每个单元都有属于自己的编号(Unit Reference Number)、名称(title)、建议学习时间(Guided Learning Hours)、对应等级(level)、学分值(credit value)、所属行业领域(Sector Subject Area,SSAs)、学习结果(learning outcome)和评价标准(assessment criteria)[1]。通常,由颁证机构或标准制定机构负责开发单元,通过认证的单元会被上传至单元储备库(unit bank),以供颁证机构查询。英国的职业资格制度共涉及 15 个行业领域分类,分别为医疗保健、公共服务和护理,理科和数学,农学、园艺学和动物护理学,工程学与制造技术,建造、规划和建筑环境,信息和通信技术,零售和贸易企业,休闲、旅游与旅游业,艺术、媒体与出版业,历史学、哲学和神学;社会科学,语言、文学与文化,教育和培训,为生活和工作做准备,商业、管理、金融和法律。每类领域都有对应的子领域,每个单元适用于特定的子领域。

3. 资格

英国的国家职业资格以学习单元(unit)和相应的学分为要件,通过一套组合规则(Rule of Combination, ROC),形成职业资格的框架结构。其中的学习单元必须是已经经过认证进入单元储备库中的单元。学习者按照组合规则,获得相应学分,以申请相应的职业资格认证。

行业技能委员会(Sector Skills Councils)是职业资格组合规则的认定机构,负责审核相关规则的形式合法性与内容合法性,评价职业资格的组合规则是否符合标准格式要求、专业内容要求。经过审核并认证的职业资格,才能成为规范资格(Regulated Qualifications)或公认资格(Accredited Qualifications),会被录入规范资格登记清单中。

---

[1]　Margot Priest, "The privatization of regulation: five models of self-regulation Office of Qualifications and Examinations Regulation. Guidance: Qualification descriptions", 2015-10-29.

三、　英国职业资格制度的管理体制

英国的职业资格证书体系采用中央政府、各地方管理机构和颁证机构的三级管理框架,层次分明,权责清晰,形成金字塔形组织架构。由中央政府统一规划、立法,由中央政府下属职能机构进行框架设计,地方政府负责职业资格的具体调研与论证工作,颁证机构负责组织考试和对学习者进行认证和证书发放等具体工作,形成中央政府充分放权、地方政府充分监督和颁证机构充分竞争的管理体制,为职业资格证书体系的建构提供了组织保障、人员保障和机制保障,形成需求鉴定、资格开发、资格鉴定、质量保证、资格交付和资格审查的管理闭环(见图3.4)。

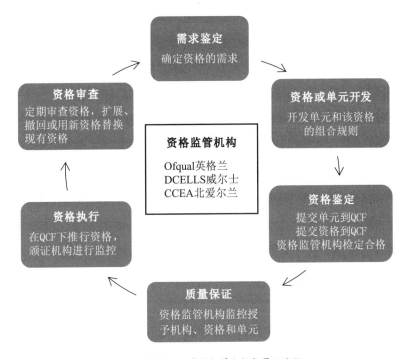

图 3.4　英国职业资格与学分框架管理流程

资料来源:Qualifications and Curriculum Development Agency. Report Referencing The Qualifications Frameworks of The United Kingdom to The European Qualifications Framework, 2012-07-03。

1. 中央政府对职业资格制度的管理职能

英国中央政府中,教育技能部①是主管教育和职业技能培训的职能部门,负责教育与技能培训领域的宏观政策、整体规划和教育立法等工作。2003 年,教育技能部成立下属机构"英国资格与考试管理办公室"(Office of Qualifications and Examinations Regulation, Ofqual),着手构建英国资格与学分框架(Qualifications and Credit Framework, QCF)。在此之前,职业资格管理职能一直由"国家资格证书与课程管理局(QCA)"负责。该机构并非政府机关,而是非行政性部门,享受政府公共拨款并可获得社会捐助,由中央政府直接负责,对资格证书制度实行评估和监管。2008 年 4 月,英国资格与考试管理办公室全面接管原由国家资格证书与课程管理局(QCA)负责的职业资格职能,作为一个独立的资格与评估管理机构,成为具体负责和直接管理职业资格证书框架体系的最高权威机构,代理英国国会全面行使有关职业资格证书体系的一切管理职能。该机构面向各类职业,力求构建一个国家层面的职业资格体系,以实现职业教育和普通教育的等值互换,推动全民的终身教育与终身学习。②

职业资格职能的中央管理权限主要包括设计建构英国职业资格管理体系,确立终身学习和质量认证两大目标,全面负责框架体系的内容边界、管理机构的设计等工作。具体包括:证书等级(Levels)和等级特征描述(Descriptors)等核心技术要素的设计,职业资格的框架、办证机构的资质、考试的过程规范等标准设计,国家学习时间和学分积分的规则设计,负责国家职业资格体系的总体规划和统一规则的构建等。作为国会的代理机构,"英国资格与考试管理办公室"下设公共服务部、公共政策部、课程发展部、普通教育资格

---

① 英国中央政府的"教育技能部"频繁更名,职能也随之发生相应变化,与教育发展各个时段要解决的主要问题密切相关。曾使用过的名字包括"教育与科学部"(1995 年以前),"教育与就业部"(1995—2001 年),"教育与技能部"(2001—2007 年),"创新、大学与技能部"(2007—2009 年),"商务、创新和技能部"(2009—2010 年),"教育部"(2010 年以来)。为了避免混淆便于理解,本研究统称为"教育技能部"。

② 郭霞:《英国资格与学分框架(QCF)研究》,天津大学 2016 年硕士学位论文。

证书和普通职业教育资格证书部、职业资格证书和行业标准部等管理执行部门,全面落实政府赋予的职能。①

在英国,资格与考试办公室每隔三年重新评估颁证机构的资格认证情况,重新确认其是否满足鉴定机构必须具备的资质、日常鉴定工作是否到位、证书是否保质保量、考评员以及督导员是否遵守考试管理规范等。

2. 地方政府在职业资格体系中的具体职能

因英国特殊的国家体制,地方教育部门有着很强独立性和自主性,因此地方虽然受到国家职业资格体系统一指导,但其具体管理结构的名称略有差异。资格与考试管理办公室负责中央层面管理职能的同时,也兼具英格兰地区职业资格管理的地方职能。威尔士地区的对应机构是"威尔士儿童、教育、终身学习和技能部(DCELLS)",北爱尔兰的对应机构是"北爱尔兰课程、考试及评估委员会(CCEA)"。在地方层面,三个机构紧密合作,行使的职业资格管理相关职能主要包括三个方面:

(1)监管职能。在地方层面,资格证书与课程管理局负责监督各类职业资格证书的运行及对颁证机构的认证。具体负责监督和检查职业资格制度在地方层面运行的规范性,并监管颁证机构在职业资格认证工作中的规范性,对存在的违法违规行为进行调查与处罚,以及监督管理其他可能影响国家职业资格证书体系客观公正性的干扰因素。具体内容包括:通过对资格证书高效、有效和公平的认证、监管以及后续跟踪,促进公众对资格证书质量、严谨、成本效率以及标准一致性的信心;确保有效和高效的管理能够运用于咨询,以及纠正被提起上诉的颁证机构的决策;确保对管理机构决策正当性与适当性的监督;针对特定的目标,通过颁证机构和权威机构,定期向大众反馈进展情况等。②

---

① 沈雕:《英国"普职融合"的资格证书框架体系研究》,西南大学 2017 年博士学位论文。

② QCA, Arrangements for the statutory regulation of external qualifications in England, Wales and Northern Ireland. 2000.

（2）开发职能。各地方教育部门会聚焦一些具体的职业资格项目，开发并发布相关评价认证标准。地方层面对职业资格的开发权限主要包括：开发多样化学习模式，促进学习者选择适合自己的科目和学习形式，组合成特定的职业资格证书要件；通过厘清各种资格证书的关系，开发各种资格证书之间的等值交换规则；开发各类证书的发展通道，明确继续深造的提升路线，确保学习者发展的连贯性与一致性，从而通过国家资格证书框架体系，鼓励各种形式终身学习。

（3）认证或授权职能。地方层面的政府管理机构还需要承担认证或授权认证职业资格证书的职能。具体来说，需要根据学习者和用人单位的需求，审核相关职业资格证书的实用性，以及与现有职业资格证书之间的关联性，避免不必要的重叠和重复，据此进行认证和授权。同时，还需要对颁证机构进行认证、授权和监管，确保这些颁证机构在关于国家资格证书系统的行动上符合政府权威机构的相关要求，以及在处理各主体之间的关系时能够迅速高效。

（4）流程与标准设计。为了更好完成监管职能，地方层面的教育管理机构还制定了一系列的配套政策和举措，对职业资格体系的监管标准和监管流程进行制度规范，从职业资格认证的流程上进行把关，进行严格的事后监管，以确保职业资格认证工作的质量性与社会公平性，充分保障学习者与用人单位在职业资格体系中的权益。具体制度措施包括开发、发布和监管外部资格证书的认证标准，开发和发布外部资格证书提交认证的流程和程序细节，开发和发布外部资格证书认证后的监管和报告细节等。①

3. 执行机构在职业资格体系中的具体职能

英国职业资格的执行机构，也称颁证机构，均为非政府性质的第三方机构，多为民间组织或政府支持的机构，尤以行业协会、行业联合会最为典型。

---

① 沈雕:《英国"普职融合"的资格证书框架体系研究》，西南大学 2017 年博士学位论文。

其中,以伦敦城市行业协会(C&G)、评价及质量保证联合会(AOA)、牛津剑桥和皇家艺术联合会考试局(OCR)、优质证书考试局(Edexcel)四家综合性颁证机构最为知名,由他们颁发的证书占到英国每年颁授证书总量的50%以上。据统计,英国的各类职业资格颁证机构多达一百多家,包括专业类颁证机构、综合类颁证机构、体育休闲类颁证机构和艺术类颁证机构等类型。这些颁证机构虽然是非政府机构,很多属于民间性质,但他们仍然属于英国国家资格证书体系的重要组成部分,其颁发的职业资格证书全部被纳入国家资格证书框架。①颁证机构具体负责职业资格考试和认证工作,是英国职业资格体系的毛细血管,为体系的高效运作提供实践基础。

颁证机构之间经常存在相互竞争的关系,只有提供更为优质的服务,才能获得更多申请人和使用机构的青睐,形成广泛认可的行业基础。这种微观的竞争机制使每个颁证机构都能够对所在细分领域进行深入研究和深耕细作,实现更加专业化的服务,以满足劳动力市场不同需求和经济社会生活不同需要,从而能够确保其颁发职业资格证书的含金量和社会认可度,是一种竞争性分权式的管理模式。政府部门完全超脱于职业资格证书的考试评价与证书发放等具体工作之外,与证书的发放没有直接利益约束,因此可以更加客观公正地承担监管职能。行业组织通过竞争获得的职业资格证书管理权,比起政府直接管理或垄断性授权管理的模式,制度性成本更低,社会效率更高,社会认可度更强,其成效也让人更加信服。②

4. 英国经验借鉴:竞争性分权管理模式

英国的资格证书管理机构层次比较分明,由教育技能部、资格与考试管理办公室、教育督导机构、培训与企业委员会、产业指导机构、证书颁发机构、考

---

① 沈雕:《英国"普职融合"的资格证书框架体系研究》,西南大学2017年博士学位论文。
② 董晗:《从业人员资格证书管理制度中的政府与非营利组织分工合作研究——以浙江省食品药品行业为例》,浙江师范大学2015年硕士学位论文。

评鉴定中心、继续教育机构等部门组成。

各部门在英国分权性质的资格证书管理制度中的主要作用为:资格与考试管理办公室,扮演类似政府的权威部门角色,直接对国会负责,并对资格证书制度实行评估和监管。教育督导机构,主要作用是对考评工作实施督导和评估。培训与企业委员会,主要作用是国家职业资格培训计划的落实。产业指导机构,制订各行各业的职业能力标准,并根据实际情况对职业资格进行适时修订和维护。证书颁发机构,负责职业技能鉴定的资格审核以及证书颁发。考评鉴定中心,实施职业技能鉴定工作。职业继续教育机构,负责全国的继续教育工作。

四、 英国行业协会的性质与职能

英国实行议会政治,多党竞争,承认利益集团对公共政策施加影响的合法性和合理性,并构建起利益集团进行院外活动的渠道。[①]行业协会在英国是利益集团的代表,通常是竞争性的而非垄断性的民间机构,充分利用制度安排上的便利,向议员和政府官员进行多种形式的游说,这既符合行业协会利益表达的需要,又为议员和政府提供行业信息,使行业协会的活动成为政治制度不可或缺的有机组成部分。英国的行业协会以服务为宗旨,是设立自愿、活动自主、经费自理的民间团体,属于民法中公司法设立的非营利性法人,小规模的行业协会则以非法人化的任意团体居多,企业或个人可自愿选择是否加入。政府一般不介入行业协会的活动,行业协会在行业管理方面发挥的作用也分两类情况:一是具有约束力的行业管理,二是具有自由选择性的行业管理。

1. 具有约束力的行业管理

英国政府对行业协会的管理方式,并非完全放任自流,在对国计民生具有

---

① 徐家良:《互益性组织:中国行业协会研究》,北京师范大学出版社 2010 年版。

重大影响的行业和领域,也会采取有约束力的监管方式。以在国民经济中具有重要地位的金融行业为例,与自发组织的行业协会不同,金融行业的行业协会是在政府干预下重新组建而成。1999年,英国议会通过法案,将金融行业的9个协会重新整合,形成金融服务管理局。金融服务管理局接受法定授权和政府委托,承担行业管理的准公共职能。所有相关领域的成员,必须加入该行业协会,受到行业协会的自律性监督。金融服务管理局在代表会员利益的同时,更代表国家进行行业自律管理,在很大程度上增强了政府对该行业的掌控力。

2. 自由选择性行业管理

对于一般行业来说,行业管理职能不具有法定权利和义务。此时,行业协会是由若干企业自发组织成立、自愿参与的非营利性组织,行业协会代表会员利益,通过为会员和非会员提供优质服务,以提升自身的吸引力,从而确立和维护在行业中的地位。行业协会也具有一定的行业管理职能,但该职能对会员和非会员来说,不是强制性管理,而是一种具有自由选择性的管理。例如,行业协会可以在相关法律的基础上制定行业规范,形成行业自律的监督机制,接受客户对会员企业的投诉,并作出相应的裁决,但该权利仅对会员企业具有一定约束力,且会员企业随时有权退出协会,以避免协会对其进行干涉和惩罚。此外,英国行业协会在处理行业规范、政府关系和社会关系中发挥着比较重要的作用。行业协会提供原产地证书、信用证、进出口许可证,为会员或非会员提供业务咨询,并与政府建立良好关系,对重大公共政策施加影响。

3. 行业在职业资格管理体系中的作用发挥

由于英国的行业协会多为民间组织,不具有官方色彩,其在国家职业资格体系中的地位和作用也是通过提供优质服务竞争而来的。颁证机构的地位,并非垄断性的,而是根据服务质量和认证的成效,由市场竞争机制产生的。每过一个时期,政府相关机构会对行业协会承担职业资格评价职能的主体资质进行重新审核,并在过程中进行动态监督,不定期地抽检、抽查,以确保行业协会在承担颁证机构职能时,符合国家职业资格体系的整体要求与操作规范。此处以英国伦敦城市行业协会和英国会计专业人员协会为案例,具体介绍行业协会在英国职业资格体系中的作用发挥:

(1)综合性行业协会。英国伦敦城市行业协会(City & Guilds of London Institute,C&G)是英国最大的民间颁证机构,它的前身是 1878 年伦敦市政府与 16 个行业工会联合组建的职业技能教育组织,1884 年开始从事全国性职业教育和资格等级考试业务,距今已经有一百多年的历史。目前,英国伦敦城市行业协会依然是英国主要的资格证书颁证机构,专注于工作岗位类、服务类以及普通教育类资格证书的考评认证,证书的范围涵盖农业、园艺和动物保健,商业服务,计算机和信息工程,建筑和建筑服务,创意艺术,教育、培训和发展,电子电气工程,美容美发服务,医疗与社会保健,酒店餐饮,休闲旅游,传媒电信,加工工业,生产及机械工程,零售、仓储和销售业,科学技术,运动娱乐,纺织、制衣和皮革业,交通运输工程等行业领域。英国伦敦城市行业协会颁发证书的课程学习地点选择面非常广泛,包括得到认证许可的学校、继续教育学院、培训机构、公司和成人教育机构等,大概有 7500 个学习中心为英国伦敦城市行业协会资格证书提供课程。英国伦敦城市行业协会颁发的证书,面向国内提供国家职业资格的认证,涉及证书种类超过 500 种,而且还面向全球 85 个国家和地区,颁发国际通行和受各国普遍认可的资格证书,在职业资格认证领域具有国际影响力。

(2)专业性行业协会。英国是世界上最早创立会计师制度的国家,也是全球会计师专业最发达的国家。英国会计师专业团体(行业协会)五花八门,协会之间的多元竞争已经成为英国一大特色,促使在英国境内出现了世界上两大会计师公会,英格兰及威尔士特许会计师协会(ICAEW)和特许公认会计师公会(ACCA)。根据英国 1985 年《公司法》(Companies Act 1985)、1989 年《公司法》(Companies Act 1989)以及欧盟第 8 号公司法指令(EU 8th Company

Law Directive),英国贸易工业部(Department of Trade and Industry,DTI)指定国际会计师公会(AIA)、英格兰及威尔士特许会计师协会(ACA)、苏格兰特许会计师协会(CA)、特许公认会计师协会(ACCA)、爱尔兰特许会计师协会(CA)五大公会为法定资格认证机构,这五大公会的准会员或者全权会员都拥有法律许可的执业权。

英国会计专业人员协会(Association of Accounting Technicians,AAT)成立于1980年,得到英国公共财政与会计特许协会、英格兰及威尔士特许会计师协会及苏格兰特许会计师协会的支持和帮助,专门为会计和金融行业从业人员提供资格证书和专业发展帮助,现有遍布全球的会员和准会员10多万人。AAT颁发的证书分成三个等级,即初级证书(NVQ/SVQ 2级证书)、中级证书(NVQ/SVQ 3级证书)、技师证书(NVQ/SVQ 4级证书)。AAT证书面向所有人开放,无论年龄和之前取得的证书种类,任何人都可以通过大学或者培训中心获得,可以兼职、全职乃至远程学习。获得AAT会计资格证书的持证人,可以申请成为AAT的会员,这将使他们能够持续发展专业技能并且得到会计专业机构的支持。

五、 英国职业资格体系的特点与启示

英国国家职业资格体系通过国家层面的顶层设计和制度层面的灵活操作,实现职业资格证书体系的权威性和灵活性,其独特之处在于:

1. 全纳性

全纳性是指英国国家资格体系具有较强的兼容与覆盖能力。一方面,该体系将职业资格上升到国家层面,涵盖大部分行业与领域,增加了国家层面职业资格证书的内容涵盖性与吸纳性。另一方面,该体系打通职业资格证书与学位证书的社会可比性和等值转化性,认可任何级别和任何学习领域

所有学习者的学习成果,整个体系兼容并蓄,形成层级清晰、对应分明的国家资格网络,践行终身教育理念,拓展了终身学习与技能持续开发的上升通道。

2. 灵活性

英国职业资格体系的灵活性体现在几个方面:(1)学习形式灵活,学校教育、技能教育、社会化培训、成人教育、网络远程教育,多种学习方式均可以作为职业技能的培训方式,受到官方认可,且不影响职业资格的法律效力。(2)学习时间和地点灵活,无论是全日制学习,还是兼职学习,无论是讲授式培训,还是居家自修,或是工作场所边做边学,只要达到规定学习时间的要求并通过考核,学习成果均受到官方认可,不影响职业资格的法律效力。(3)学习机制灵活,英国职业资格体系通过学分换算的方式,在其他教育阶段学习过的相关课程,所获学分也能够被认可,避免学习内容的重复。(4)学习路径灵活,颁证机构可以根据个人和雇主的需求开发单元和资格,个人和雇主能够建立适应他们需求的职业生涯成长路线。

3. 多元竞争的运作机制

英国的国家资格评价体系中,鼓励行业协会等社会化组织多元竞争。这种主体资格的竞争模式,遵循市场机制的运作法则,在同一个行业或领域,获得更多青睐的职业资格证书具有更高的含金量。对于评价机构来说,只有服务质量更好、考评过程更公平、社会成本更低的第三方组织才能捍卫自己颁证机构的主体资格。对于培训机构来说,也只有培训形式多样、教学质量优异、培训成效显著才能获得颁证机构的青睐,获得相应的职业资格培训授权。多元竞争机制有助于提升职业资格培训、考试、评价过程的服务质量和社会效率,有助于降低用户的学习成本。

4. 利益非相关的独立监管

政府职能部门只负责相关立法和指导性政策,进行国家职业资格体系的宏观设计,而不涉及职业资格评价的具体过程。作为无关利益方,行使对职业资格认证相关主体的监管职能。这种监管方式使职能部门从狭隘的本位主义中超脱出来,不受利益相关方的束缚,监管权力的发挥更加客观公正,国家职业资格认证的质量更有保障,更有利于相关制度体系与监管举措的改进、优化与完善。

第三节 德国的职业资格体系

德国的技术在世界范围享有很高声誉,在先进制造业发展出很多细分领域的隐形冠军。这些企业虽然规模不大,却都是所在领域的技术佼佼者,这与德国扎实的技能人才基础密不可分。这一基础优势很大程度上来自"双元制"人才培养模式和以行业协会为主导的职业资格管理体系。德国工业化早期,国家积极推动手工业部门组织化,形成手工业行业协会,并赋予它们职业资格认证的特殊权力。在职业资格认证及技能培训监管上的制度安排,使德国厂内培训体系得以稳定下来。在此条件下,在技能标准制定方面,德国奉行以"师徒制"为核心的技能传承体系,行业协会是技能标准制定的重要主导力量。在职业资格教育培训方面,行业协会不仅具有企业培训的管理职能,而且还具有直接进行培训的功能,负责培训、考试、发证,在职业资格评价中发挥了不可替代的作用。同时,德国将职业资格证书与教育培训紧密结合在一起,实行三级负责制,即政府对职业教育进行宏观管理,各行业主管部门自治管理,企业或其他雇主组织自行组织实施。从管理体制上,德国采用经济部和教育部双元管理体制,国家负责确立职业教育相关的法律,由经济部和教育部负责具体管理实施。

"德国的职业教育之所以取得如此巨大的成功,一个重要的原因在于德国十分重视职业资格证书制度,实施了一系列关键举措,包括:建立了完善的法律法规体系,为其提供法律保障;对职业资格证书的认证投入大量经费;十分注重实际操作技能的训练;职业资格证书体系健全,证书覆盖面广;非常重视职业资格证书的质量管理等"。为此,本节将对德国职业资格体系及与之相关的职业能力培养进行梳理和介绍,以为我国职业资格体系的改革提供有益借鉴。

一、 德国职业资格体系的特色

在德国,职业资格很自然地与职业教育联系在一起。在德国取得职业资格通常以一段时间的职业教育为前提,将理论与实践相结合,将培训与评价相链接,确保劳动者获得的职业资格证书货真价实。

1. 教育职业的前置化培育模式

1987 年,德国职业教育界提出全新的职业教育理念——培养职业行动能力。具体来说,是要培养学生具有独立制定计划、独立实施计划、独立检查计划、独立完成计划的能力,即可以独立地开展并完成工作的全过程。因应这一教育理念,德国联邦政府设置了国家层面认可的"教育职业"。所谓"教育职业"是指"通过职业分析的方法,对社会职业的职业群或岗位群所需要的共同知识、技能与态度进行归纳后的一种科学编码,是一种建立在职业分析基础上的获取职业资格、职业能力的教育载体",[1]它反映的并非真实的职业和工作中遇到的具体实际,而是对工作实践的能力抽象。它与社会职业不同,后者是指针对就业谋生的真实职业,而教育职业是用于教育教学的职业。它来源于社会职业,体现了职业教育的职业属性;但它又高于社会职业,是对真实职业的

---

[1]　姜大源:《职业教育学研究新论》,教育科学出版社 2007 年版,第 1 页。

能力抽象,其出发点和落脚点均是对劳动者职业能力的培养,是职业能力的前置化开发,不仅关注职业资格的取得,更注重对个体整体性职业能力的开发。

德国《职业教育法》①是指导规范职业资格评价实践的重要法律依据,根据德国《职业教育法》的规定:(1)教育职业应由联邦经济和劳动部或其他主管业务部门与联邦教育研究所协商后,由联邦教育研究所代表国家对教育职业予以认可,其分类目录的制定和出版是联邦职业教育研究所的职责;(2)每个教育职业都由相应的教育条例作为指导,对培训内容、组织方式和培训时间的最低标准加以规定,且需要根据该职业教育条例的要求开展教育。(3)企业对18岁以下的年轻人只可进行国家认可的教育职业培训。

德国的教育职业涉及五个培训领域:农业、手工业、公共服务、自由职业和工商业,涵盖所有的经济和管理领域的职业。根据不同专业化程度,教育职业还可以分为三种类型:(1)无专业方向划分的教育职业,(2)划分专业方向的教育职业,(3)划分选择技能要点培训的教育职业。每种教育职业均有不同的结构特征。教育职业目录始终处于动态更新中,联邦教育研究所会根据新的职业或能力需要产生新的教育职业或更新现有教育职业的内容。因此,每年都有一些旧的职业被淘汰,也有新的职业增补进来,还有一些职业会跟相近领域的职业合并,或者从原来的大职业类别中分化出来。

2. 理论与实践相结合的双元制培养模式

双元制培养模式是德国职业教育的一大特色。这是一种由企业和学校共同完成职业教育内容,由行业协会负责质量监控的职业教育模式。②双元制是指"理论—实践"的双元,这种人才培养模式体现了理论与实践相结合的培养

---

① 德国《职业教育法》于2005年3月23日发布,2020年5月4日重新修订,2024年7月19日又进一步修订完善。Bundesministerium der Justiz: Berufsbildungsgesetz(BBiG),载德国联邦司法部网站,2024年7月19日。

② 邓志军、李艳兰:《论德国行业协会参与职业教育的途径和特点》,《中国职业技术教育》2010年第19期。

理念。培养内容由职业院校的理论学习和企业的实践锻炼两部分组成。

理论学习方面,由职业院校负责,根据特定职业包含的内容结构,由相关领域的专业化教师进行授课,带领学员学习该职业涉及的基本原理、分析框架、职业规范、职业伦理等,扩大学员的理论知识面,为他们解决实践问题奠定理论基础。

技能学习方面,由企业负责,企业是实践培训的重要主体。学员大部分时间在企业进行实践操作与技能培训。培训的模式类似师徒制,由实践导师带领学员进入现场,通过现场实习、观察式学习、参与式学习、跟踪式学习、个性化指导完成技能传授过程。在德国不是每个企业都可以举办职业教育,只有通过审核获得相应资质的企业才能享有职业教育培训的特殊权利。培训期满,企业会为受训学员提供实践培训的证明。

3. 培养与监管分立的质量监督模式

双元制人才培养模式具有独特的考核机制,以行业协会独立第三方的视角,通过职业资格考试的形式对学员理论和实践的学习成效加以检验。学员在培训期满时,需要参加行业协会组织的职业资格考试,通过考试者可获得相应的职业资格证书。经过职业资格鉴定,确保学员具备职业和岗位要求的基本素质和能力。职业资格考试既是"双元制"的出口考试也是学员独立从事该职业的入口考试。

总结来说,双元制人才培养模式将理论与实践结合起来,利用职业院校和企业的资源优势,由教师和企业培训师共同培养学生,把职业教育内容与劳动力市场需要最大限度地结合起来,从而培养出既具有专业理论基础,又具有专业实践能力以及解决实际问题能力的高素质人才。同时,双元制人才培养模式将职业培训的质量与资格鉴定结合起来,培训、考核、监管相互独立、互不干扰,确保了职业资格证书的公信力和社会认可度,最大程度地保证了人才培养的质量。

二、 德国职业资格体系的基本框架

德国不存在一个综合性的职业资格证书分类,不仅各种职业资格证书的级别有自己独立的系统,而且不同教育培训主体对这些级别确立的标准也不尽相同,甚至一些教育与培训部门也有自己独立的职业资格标准,[①]形成德国独特的职业资格证书体系。

1. 职业资格证书的等级

德国对职业能力体系进行了梯度设计,涉及职业预备培训、职业教育、职业进修和职业再培训等几个阶段。职业教育是享誉世界的"双元制"人才培养模式的重要表现形式,旨在传授特定职业所需技能、知识和能力,并使劳动者获得实际职业经验,完成培训后学员可获得相应职业资格。职业进修能帮助劳动者保持或提升职业能力,分为不同层次,如通过高等职业培训的进修课程可获得更高等级的职业资格,如 Geprüfter Berufsspezialist(专业认证专家)、Bachelor Professional(专业学士)、Master Professional(专业硕士)等,每个层次都有相应的考核规定和资格要求。职业再培训则使劳动者能够转换职业,获得新的职业资格,从事其他职业活动。

在德国,联邦政府(国家层面)、州政府(省级层面)和行业协会(行业层面)均具有管理职业资格证书的权限,差异在于管理主体不同,对应的资格标准和等级不同,因此社会认可程度也存在差异。通常联邦政府直接管理的职业资格证书涉及对公共安全和国家发展具有关键影响的领域或行业,例如卫生护理行业、手工业、农业等。州政府则负责管理辅助类的职业资格,尤其是服务业和科学领域的技术功能部分,以及社会服务行业的高级职业资格证书。行业协会则负责管理专业技术性极强的领域和行业,例如程序员、泥瓦匠等。通常情况下,联邦

---

① 张雪红:《德国职业资格证书分类系统对我国资格证书建设的启示》,《世界职业技术教育》2004年第 5 期。

政府管理的职业资格比州政府管理的职业资格具有更高的准入标准。

2. 三种证书并存运行

在双元制的人才培养过程中,学员会获得三种证书,由理论学习而获得的毕业证书,由实践培训而获得的培训证书,以及通过行业协会考试获得的考试证书(职业资格证书),组成相互联系的"三种证书体系"。

理论学习是职业培养的重要一环,该阶段通常由职业学校来承担,因此职业学校具有证明学员理论学习阶段成果的责任。通过一个阶段的理论学习,职业学校会发放毕业证书,主要描述学生在校期间的课程结构、学习表现,显示理论学习的内容、课程清单及掌握的能力清单。职业学校发放的毕业证书属于州政府的管辖范围。

培训合格证书是培训企业或培训师出具的"教学证明"。在双元培养中,企业作为实践培训的主体,也需要对培训者的培训过程出具相应的证明。依据德国《职业教育法》,"企业有义务在受训者结束培训时签发证明,证明的内容包含培训方式、培训期限、培训目标,以及通过培训获得的知识和技能等"。此外,培训合格证书还包括管理者对培训者表现的评价、专项技能的成绩和特别技能的补充说明,以全方位体现在实践学习过程中学员的真实表现。

考试证书即通过参加行业协会组织的职业资格考试而获得的职业资格证书。经过一个阶段的理论与实践学习后,为检验培训与学习的效果,学员需要参加职业资格考试作为成果检验的证明。为了显示评价结果的独立公正性,职业资格考试由学习场所以外的第三方即行业协会来承担。凡通过此考试且成绩合格者,即证明学生达到了职业资格的要求,可以获得受本行业认可的职业资格证书,作为从事特定行业和承担特定岗位的准入条件,具有职业许可的法律意义。其法律效力不仅受到国内同行的认可,通过资格互认,还可以与其他国家同等类型的职业资格形成有效链接。

三种证书相互独立,成绩与结果彼此不受影响,具有独立的效力。同时,三种证明又相互补充,可以使雇主从不同角度识别候选人从业能力的不同特点,以更好地促进人尽其才和岗位匹配。

三、 德国职业资格体系的管理体制

德国职业资格管理是集中管理与自治管理的结合,实行三级管理体制,即联邦政府、州政府和行业协会的三级管理。

1. 职权的纵向分工

第一级,国家层面,即联邦政府一级,由联邦教育研究部和相关的联邦专业部门组成,是职业资格及职业教育的主管机构,主要负责相关职业立法,国家认可的职业清单管理与发布,对职业教育和培训行使的宏观管理权和监督权,以及职业资格体系的协调工作。

第二级,州政府一级,主管机构是州职业教育委员会。该委员会是各州文教部长联席会议下设的委员会,成员来源广泛,包括州文教系统的工作人员、州政府代表、雇主代表和雇员代表等相关主体,主要负责州层面的职业资格管理、州管辖的职业教育机构与毕业证书管理,以及所属领域职业教育和职业资格的沟通协调工作。

第三级,行业层面,由行业协会主要负责,是德国职业教育和职业资格领域最重要的自治机构,负责职业教育和职业资格具体工作的管理与实施,受政府委托依法对职业教育进行全过程监管。德国《职业教育法》规定,行业协会是职业教育和职业资格评价的主管机构之一,"行业协会下设职业教育委员会,委员会由 6 名雇主代表、6 名雇员代表和 6 名职业学校教师代表组成,所有涉及职业教育的重要事宜,均须报告职业教育委员会并听取其意见"。[①]

[①] 邓志军、李艳兰:《论德国行业协会参与职业教育的途径和特点》,《中国职业技术教育》2010 年第 19 期。

2. 决策规划机构——德国职业教育的议会

联邦政府设立有专门负责职业资格管理的机构，即"联邦职业教育研究所"。联邦职业教育研究所服务于联邦劳动部，是协助政府部门解决职业教育和职业资格评价等相关问题的决策咨询和科学研究机构。主管委员会是其重要的决策机构，其成员由雇主、工会、联邦政府和州政府的代表组成，被称为"德国职业教育的议会"。主管委员会的主要职责是提供有关职业教育和职业资格评价体系方面的决策建议。其中政府成员代表主要来自教育部、劳动部、经济部、内政部四个部委。政府提供的财政支持占其总体经费的四分之一。雇主和工会通过集体协商的方式就技能培养和职业资格标准设定等问题达成一致意见，联邦政府则对雇主协会与工会之间的集体谈判进行敦促、监督与指导，从而形成多方认可的集体决议。联邦职业教育研究所设置有很多专业化职能部门，致力于职业资格制度的研究、开发、修订与完善工作。

3. 职业资格标准的设计——利益相关主体的平等参与

职业资格标准和培训标准的制定通常由利益相关主体组成的项目团队完成。在此过程中，雇主代表、员工代表以及联邦职业教育研究所共同合作组成项目工作小组，平等地参与标准的制定与更新，共同合作构建职业资格框架，定义职业资格的评估标准和培训标准。雇主代表和雇员代表从联邦一级的工会和雇主协会产生，都是该领域拥有丰富实践经验的专家。为了确保足够的代表性，雇主代表的选择会注意在中小企业和大企业之间进行平衡，保证中小企业也有足够的参与代表。有些专家对职业资格标准开发的过程并不熟悉，尤其是来自中小企业的雇主代表，可能缺乏参与职业资格标准开发的相关经验，会影响开发质量和决策效力。为解决这一问题，有两种应对措施：一是工会设有专门机构，聘请专职雇员，从事职业教育和职业资格标准开发工作，另一方面联邦职业教育研究所也会给予各参与方相应的指导。此外，工会和雇主协会也会通过外部工作组时刻关注职业资格标准的开发进程，并向代表提供建议和反馈。职业资格标准制定和培训项目开发的整个过程通常持续一到两年。

4. 评价工具的研究设计——联邦职业教育研究所

在职业资格标准的基础上,需要结合人员测评技术开发职业资格的评价工具。最常见的评价工具包括考试和日常考核,其中考试又包括笔试、面试、情景模拟、实际操作等几种类型。这项工作由联邦职业教育研究所专门负责,该研究所内设专业化职能部门,具体负责考试制度的研究与规划,并据此设计职业资格考试的总体框架。内容涉及考官的任命、考试委员会的成立、考试题目的设计、考试实施、考试结构、实践此例、考试的背景信息及材料等方面。关于职业资格考试制度的详细信息会提前在官方网站进行公示,以供查阅参考,知悉相关内容。

5. 职业资格考试与管理——行业协会为主导

职业资格考试的具体实施、成绩的核准和证书的发放由行业协会负责。行业协会针对本行业的职业资格发布考试指导手册,指导培训者接受双元制培训,以及在培训期满后进行职业资格鉴定考试。考试过程也是由行业协会直接负责,监督成绩的评判与核准工作,确定通过考试的名单,并进行信息公示。在获得职业资格证书后,行业协会还负责进行职业资格注册和管理工作,作为行业自律的监管机构,监督、检查持证人在该职业领域的职业行为是否符合法律、法规及行规的要求,对违规者进行相应的惩戒。指导职业资格证书持有人定期进行再培训,保持职业能力的动态更新。

四、 德国行业协会的性质与职能

德国的行业协会分为两类不同性质:公法行业协会和私法行业协会。承担职业资格评价职能的多为公法行业协会。

1. 公法性质的行业协会

公法性质的行业协会受公法的调整与约束,形成具有公法性质的行业协会,各企业都必须依法加入这一类的行业协会。换言之,这类协会需要强制性入会,在会员中不仅具有很高的代表性,而且在会员中形成的行业自律机制具有准公共职能的性质,可以代表公法对违规企业或个人进行惩戒,相关行为具有高度的权威性和社会公信力。这类协会与政府之间建立起较为密切的沟通协作机制,就行业发展中存在的问题向政府相关部门提供信息反馈和专业化意见,作为政府出台相关决策时的重要依据。同时,这类行业协会受政府委托授权,承担行业监管职能,通过行之有效的行业自律机制,与政府相关职能部门共同构成行业监管协同治理框架。具有代表性的包括德国地方工商会、德国手工业协会(也称中小企业商会)、农业商会等。

2. 私法性质的行业协会

私法性质的行业协会,是由各企业自发组建的行业性组织,接受私法的调整与约束。企业有权选择加入协会,也有权选择不加入协会或退出协会。这类协会主要借助自身的平台优势,为会员企业提供优质服务,包括决策咨询、调查研究、信息查询、行业数据共享等服务。私法性质的行业协会通过会员服务切实增加会员福利,以提升其对会员企业的吸引力和号召力。但其劣势也较为明显,会员代表性不强,可能因代表狭隘的会员利益,而损害行业的整体利益,甚至可能利用会员优势形成行业垄断,排挤非会员企业,导致行业内的不正当竞争。这一类行业协会比较具有代表性的包括:全德工商大会、德国工业联合会、德国雇主协会等。

3. 行业协会在职业资格管理中的主要职能

从职业资格管理的角度来看,承担这类职能的行业协会通常具有公法行业协会的性质,是代表全行业利益而形成的行业专业化人才培养与评价制度。

公法性质的行业协会,由于强制性入会的要求,相关决策可以保持公正立场,可以作为客观公正的第三方承担职业资格考试职能,其结果也具有较高的行业公信力和社会认可度,具有准公共产品的性质。根据德国的相关法律(公法),在职业资格证书认证和管理过程中,行业协会的主体作用主要包括:

(1)组织机构设置与制度体系设计

德国《职业教育法》明确规定:每个行业协会都应设立一个"职业教育委员会",作为职业教育及职业资格相关工作的专业研究与决策机构。该机构由各利益相关方的6名代表组成,必须涵盖雇主、雇员、职业学校的教师代表等身份主体,专门负责本行业关于职业教育和职业资格方面的相关研究与决策工作。具体来说,该委员会在国家有关法律框架和制度框架下,根据本行业职业技能的特点与属性、行业总体状况、未来发展趋势,将国家相关规定具体化、操作化,制定适合本行业的技能培训、人才培养、资格评价的制度体系,作为职业教育与职业资格评价的制度依据。对国家相关规定中的未尽事项,可根据行业实际,制定相关补充规定,涉及培训主体资格、培训合同样本、职业资格考试等相关规定。[①]

(2)培训主体资格认证

行业协会负责企业培训主体资格的评价和认证工作。各行业协会具备动员本行业企业参与职业技能培训的工作优势,并设定相关标准,对企业是否具备作为培训主体的相关资质进行考核与评价。评价的指标由两个维度组成:一是对企业负责人的软件条件进行评价,综合考察企业负责人的品行和专业能力,要求在品行上没有任何犯罪记录和违法前科;在专业能力上,必须具备职业教育、劳动学以及与专业相关的理论知识,并已经获得职业教育的资质文凭。二是对企业的硬件条件进行考察,包括企业是否具备培训场地、培训设备、安全生产的相关措施等情况。行业协会还会选派专门的培

---

① 周凤华:《德澳美三国行业组织与职业教育》,《中国职业技术教育》2009年第25期。

训顾问,定期或不定期对培训企业资质进行检查,对培训过程进行监督指导和动态管理。针对条件发生变化的企业,行业协会将对其主体资格进行重新评估。

(3)培训合同审查与备案

在开展职业技能培训时,培训双方需要就相关内容协商一致,签署培训合同。合同的内容涉及培训时间、培训内容、培训方式、培训成效等。其中,培训时间通常为三年,具体的培训时间由行业协会根据学徒的基础、资质和水平等情况进行客观决策,对一些具备一定专业基础和相关理论知识的学徒,可以适当缩短培训时间;而对于中途生病或未通过相关考试的学徒,则可适当延长培训时间。此外,在培训期间表现优异的学生,还可申请提前参加职业资格考试。对于培训合同中的其他内容,行业协会也要承担审查职能,对不符合相关法律和规定的合同,将不予备案。当培训双方因合同中相关内容出现争议时,根据《劳动法》的规定,争议双方应首先向行业协会的仲裁委员会申请裁决,仲裁未果后,才可提请劳动法庭进行判决。

(4)组织实施职业资格考试

行业协会组建专门的考试委员会,在合同约定的培训时间期满后,开展职业资格考试工作,对双元制培养的现实成效进行客观检验。作为公正的第三方,其鉴定结果作为职业资格证书的发放依据,具有行业认可度和社会公信力。行业协会将提前公布考试规则,确定考试结构的组成、各部分的分值比例、考试范围等,从理论和实践两个方面评价学徒是否已经具备相应职业资格的标准要求。行业协会如期开展职业资格考试,在企业考评学徒的实践操作能力,在学校考察其理论知识的掌握情况,负责具体的考试组织、监考、阅卷、评分、成绩核发、信息公布等考务工作,处理与职业资格考试相关的其他问题。

(5)职业资格证书的核发与管理

根据职业资格考试的成绩,行业协会会对通过考试的学员进行职业资格认证,发放职业资格证书。该证书具有职业准入的法律效力,是企业雇用员工时的重要参考依据。劳动者在获得职业资格证书后,需要在行业协会进行备案,执行行业自律的相关要求,接受行业协会代表行业进行监督指导。如果劳动者出现职业违法违规行为,行业协会有权在职责范围内对其进行惩戒。惩戒方式包括:批评教育、责令整改、信息公示,乃至吊销其职业资格证书。劳动者需要在行业协会的指导下定期参加行业培训与交流活动,以及相应的职业技能竞赛活动,以保持自身职业技能的动态更新。

第四章

国外职业资格体系的共性趋势

日本、英国、德国等国家已经在职业资格体系设计与改革领域进行了大量的探索尝试,为中国职业资格体系改革发展提供了借鉴。有研究表明,19 世纪末 20 世纪初,德国、英国、日本等国家技术密集型行业在职业资格体系的制度安排上采取了大体相似的行动战略。但在随后的发展中,这些国家面临的政治、经济、文化环境出现较明显的差异,从此在技能形成路径及职业资格体系构建上开始出现多样化模式(Thelen,2010)。对比这些国家的制度特色与适用条件,可为我国职业资格体系的顶层设计提供重要参考。

第一节　典型国家职业资格体系的特点比较

各国职业资格制度在形式与内容上均存在一定差异,形成不同的管理模式,这些模式的形成根植于各国独特的制度传统与资源基础。对这些模式的比较研究,有助于厘清不同模式的体系边界和适用条件,可为我国职业资格体制机制改革与完善提供有效借鉴。本部分从能力获取方式、标准制定、评价依据、评价实施、管理方式、政府职能、央地分工等具体方面比较日本、英国、德国等国家职业资格评价体系之间的差异,以挖掘不同模式的具体特点和具有借鉴价值的经验做法,以为我国职业资格评价体制机制改革提供有效参考(见表4.1)。

表 4.1 职业资格评价体系的国别比较

	日 本	英 国	德 国
能力获得方式	师徒传承	各种方式均可	师徒传承
人才储备方式	内部劳动力市场	外部劳动力市场	内部劳动力市场
标准制定	行业协会或专业化第三方机构	行业协会等专业化组织	政府组织,利益相关主体平等参与
评价依据	基于密切交往的主观评定,实践结果	理论知识与实际操作相结合	理论知识与实际操作相结合
评价实施	不同资格类型由不同评价主体完成	考培分离的第三方认证机制(行业协会、专业化机构)	行业协会组织,企业、学校多方参与
管理方式	分类管理	分权管理	行业协会主导
政府职能	制度设计 标准制定 组织实施	制度设计 机构审核 监督管理	职业立法 资格清单发布 设立专业化机构指导制度实行
中央地方分工	依据职业资格类型而定	政府负责制度设计,具体实施权力下放	中央:宏观监督 地方:具体实施

资料来源:作者根据资料设计。

一、 专业能力获取

从能力获取方式来看,日本和德国均依靠"师徒制"来完成技能传承。但不同之处在于,日本的师徒制仍停留在一个徒弟通常由一个师傅培养的师徒关系,培养过程多基于企业等工作场景,进行技术技能的隐形传承;而德国的师徒制采用双元制培养模式,由职业院校与企业的双师共同进行培养,一边学理论一边学操作,理论基础与实际操作互为补充,使技术基础更为扎实。英国采取独特的积分制考核,鼓励各种形式的知识、技能、能力学习,全日制学习与兼职学习,线上学习与线下培训,理论学习与现场模拟都是被官方认可的有效渠道。

二、 人才储备方式

从人才储备方式的角度看,由于日本奉行技能能力的隐形传递,技能能力的培养多依靠企业,形成雇佣关系框架下的师徒技能传递,辅之以终身雇佣和年功序列制度,形成内部劳动力市场的人才储备与发展模式。德国与日本的情况较为类似,同样依靠内部劳动力市场制度,实现员工技能的积累与提高。同时,德国采取"柔性保障"(Flexicurity)的积极劳动力市场政策,即使在经济低迷时期,政府允许企业通过缩减工人工时等方式缩减用工成本,从而替代裁员,以规避经济危机阶段的大规模裁员,[1]这一举措保证了内部劳动力市场的稳定性,为人才储备与技能传承提供了良性的制度空间。英国的职业资格制度,奉行终身学习理念,以灵活的积分制作为载体,依靠显性知识的培训实现技能能力学习,形成基于外部劳动力市场逻辑的人才储备与开发方式。

三、 职业资格标准制定

从职业资格标准制定的角度看,日本主要依靠行业协会或第三方机构的专业化力量,进行职业资格评价标准开发。德国政府设置专业化机构,在专业化机构的指导下通过利益相关主体的平等参与来制定职业资格评价标准。英国则主要依靠行业协会力量开发相应的职业资格,依靠培训机构力量开发相应的培训课程。三个国家的共性在于注重职业资格标准制定的专业性和利益代表性,政府多委托专业化组织或组织专业化团队具体承担资格评价标准的开发工作。

---

[1]　刘昱辰:《欧洲劳动力市场"灵活保障"模式再探究——以荷兰、法国和德国为例》,《欧洲研究》2020 年第 1 期。

四、 职业资格评价

职业资格评价的依据，日本注重师傅对学徒的评价，在密切交往基础上进行主观评定，以及基于实践结果的客观评价。德国注重理论与实践的双重评价标准，通过国家职业资格评价与职业教育相衔接的一体化教育改革，将知识基础与实践能力的评价统一起来。英国既注重理论学习，也注重实践培养，通过评价结构的设计，形成知识与技能的学分组合。

从评价主体的角度看，日本不同的职业资格由不同的机构完成评价，国家职业资格由政府职能部门直接进行评价，民间职业资格由行业协会或大企业进行认定，公共职业资格通常由政府部门委托特定行业协会开展评价。德国的职业资格评价由行业协会主导，进行独立第三方的客观考核，以提升职业资格的公信力。英国的职业资格评价也由行业协会或专业化机构主导，政府、行业协会、培训机构间形成相互制约的权力分配格局，实现第三方视角的客观评价。

五、 管理主体侧重

从管理方式的角度看，日本的职业资格体系实行分类管理，国家职业资格、民间职业资格和公共职业资格分别对应不同的管理体系。尤其在国家职业资格中，政府从制度设计、标准制定到组织实施，实行全程参与。德国的职业资格体系突出行业协会的主导地位，在行业技能培养与传承方面发挥了不可替代的作用，政府主要负责职业立法和职业资格清单发布，并设立专业化机构对职业资格制度的具体实施进行指导。英国的职业资格体系中，政府权力下放的特色比较明显，政府进行顶层设计、宏观指导、监督管理，州政府与行业协会负责具体实施。

第二节 国际职业资格体系的主要模式

综上所述,不同国家的职业资格体系是在政府、企业、行业协会等多元利益主体权衡博弈中实现体系均衡,之所以出现差异化的模式是由不同的职业教育体系及多元主体的政治力量格局决定的。同时,不同国家的职业资格体系也体现出差异化的场域特征(韩巍,2016),大体可归纳出三类:

一、 政府集中管理模式

从职业资格管理体系来看,尽管日本的职业资格还包括民间职业资格和公共职业资格,但国家职业资格受到社会各界最广泛的认可。日本的国家职业资格由政府集中设立和管理,培训、考试、鉴定、证书发放等环节均由政府职能部门主导,职业资格公信力的来源主要依靠政府保障,政府与市场仅通过有限的沟通实现职业资格的动态管理。①

这种模式的最大优势在于职业资格制度具有高国家认可度,国家公权力为职业资格背书,从而形成国家广泛认可的公信力。这类管理模式中,发证领域通常集中在涉及国计民生、国家安全、公共安全的重要领域。由于政府全程参与,职业资格制度得以严格执行。这类国家职业资格证书通常与分配激励制度接轨,可以作为专业技术与技能人员在特定工作领域的准入资格,证书持有人获得相应工作权力的行政许可,职业领域就业权力受到国家法律保护。

但这种模式的缺陷也比较明显,主要体现在:第一,对企业实践需求回应相对滞后,职业资格证书清单更新缓慢,新技术技能领域常面临无证可考的尴尬境地。第二,还可能在一定程度上存在评用分离的现象,政府从宏观层面设计的职业资格标准与企业实际的技能使用标准存在较大差距,出现"评非所

---

① 韩巍:《职业资格框架改革:目标、模式与原则》,《中国劳动保障报》2015 年 12 月 12 日。

用"的情况。第三,由政府协调各方关系组织实施职业资格制度,可能在效率效能上大打折扣,不利于市场化效率机制的实现。

二、 市场分散化管理模式

以英国为代表的发达国家,行业协会是职业资格的管理者和评价者,行业内部的领军企业或行业协会根据市场需求设立职业资格,开发评价标准,考试、鉴定、证书发放等环节也由行业协会来主导,仅需要在政府相关部门备案,政府负责准入类职业资格的管理和整个职业资格制度的规划与监管,对行业协会设立的职业资格进行审核与监督。职业资格的公信力主要依靠市场机制的"用脚投票"以及由此形成的信誉、口碑。①

这种职业资格评价模式的优势在于:第一,根据市场化机制组织运行,职业资格各环节的运行效率高,服务质量好,成本更为节约。第二,各利益相关主体各司其职,政府负责整体规划与宏观监管,行业协会负责标准制定与评价认证,各参与者相互协调配合。第三,因为行业协会等专业化机构的参与,其制定的资格评价标准与现实需求结合得更紧密,能够在更大程度上使评价与使用相结合,职业资格评价的专业化程度也更高。第四,这类模式下所形成的职业资格证书遵循一定的市场化逻辑,企业需求量越大的资格,参与报名的人数越多,竞争也就更激烈。

这种职业资格评价体系的缺陷也比较明显:首先,证书种类多样,体系性相对欠缺,相对混乱,缺乏必要的社会秩序,公信力相对不足。其次,可能存在交叉重复的领域,推出内容相关或类似的职业资格证书,造成社会资源浪费。第三,由于评价标准与评价方式存在差异,证书与证书之间可能缺乏必要的可比性,不同职业资格的含金量难以分辨。

---

① 韩巍:《职业资格框架改革:目标、模式与原则》,《中国劳动保障报》2015 年 12 月 12 日。

三、 政府与市场协同管理模式

鉴于集权管理模式与分权管理模式的弊端,一些国家开始尝试中间路线,将两种方式相结合,形成政府与市场协同管理的模式与路径。政府在职业资格评价机制的必要环节中进行宏观管理与严格的监管控制,对培训、考试、鉴定、证书发放等环节进行必要的监管,提升职业资格证书的政府公信力。同时,政府与第三方专业化组织形成合作治理框架,就职业资格的设立和淘汰等关键问题形成机制化的沟通渠道,及时更新职业资格证书清单,及时回应企业的实践需求,将实践标准上升为评价标准。政府在职业资格评价过程中通过政府购买服务等市场化方式,寻求与行业协会和领军企业的合作,优化相关环节的管理效率,通过开放的职业资格管理过程保证职业资格的市场化认可度。德国的职业资格评价体系便属于这种模式,政府授权具有公法性质的行业协会代为行使行业管理的公共职能,同时整合市场化培训资源,兼顾政府与市场的双重需求。

这种评价模式的优势在于,尝试兼顾职业资格证书的社会公信力与实践的应用性,尝试结合行政运行与市场化运行两种机制,努力克服单纯政府集权管理和单纯行业协会分权管理的体制弊端,致力于释放职业资格体系的最大效能。

但也由此引发一些管理弊端,突出体现为不同体制之间的兼容性难以把握,在很大程度上依赖合作治理框架的搭建是否科学合理。同时,多元主体利益协调的难度也随之增大。

第三节　国外职业资格体系的共性规律与有效借鉴

通过对各国职业资格体系的特征进行比较,不仅可以发现不同国家职业资格实践路径差异,也能够总结出各国职业资格管理共性趋势,这种趋势可能隐藏了职业资格体系发展的普遍规律,往往比个性化特点更具有参考借鉴意义。本节将总结日本、德国、英国等国职业资格体系中的共性规律,以为我国职业资格体系改革提供借鉴思路。

一、 职业资格体系与教育体系相互衔接

纵观几个国家职业资格体系的实践,其中一个共性特点就是都在一定程度上将职业资格体系与学历教育制度相衔接,但衔接的方式略有差异。

日本是将学历教育证书作为一些职业资格申请的前置条件,或者将一些学历证书折算成相应的工作经历,在报考申请时进行条件折算。

德国打通了职业资格体系与学历教育体系的通道,将职业资格证书与相应的学历教育等级进行参照,鼓励在学历教育的基础上进行职业技能培训,或在职业教育的基础上进行继续的学历深造。

英国更是创新性地将学历教育与职业教育的内容进行积分式拆解,甚至两种教育模式中的一些课程内容可以共享,实现跨界免修。在英国积分制的管理模式中,学历教育与职业资格体系完全打通,实现了学历教育更加接近实践需求,职业资格教育的进入门槛更低。同时,学历教育与职业技术教育可以等值转换,极大地提升了技术技能类人才(职业资格证书的持有人)的社会地位和社会认可度。此外,这种模式也最大限度地鼓励了终身学习和终身教育,无论是职业资格证书的持有人,还是教育学历证书的持有人,想在原有基础上继续进修都变得更加方便,随时随地都可以开始。

二、 教育培训与考试评价权力分立

综观各国职业资格评价体系,其共同之处在于标准制定、教育培训、考试评价等职能和权力由不同参与者承担,目的是实现各参与者之间的相互监督、

相互制约,从而能够在最大程度上确保职业资格证书的公正性。

具体来说,在德国的双元制职业技能培训中,职业资格的标准设计由行业协会发起,组织大企业、小企业、行业专家、工会等利益相关方共同参与,制定出反映行业真实情况、符合企业实际需求的职业资格标准;培训的任务分别交给职业院校和企业,一方主抓理论,一方负责实际操作,行业协会作为双元制培训的监督方,通过承担职业资格考试职能来确认双元制培训的最终成效。可以说,在德国职业资格的分立设计中,行业协会处于主导地位。

在英国的积分制职业资格体系中,框架与流程设计由对政府直接负责的专业化机构来承担,以确保每一项职业资格都可以在现有的职业资格体系与国民教育体系中找到相应的位置,可以与其价值相当的其他教育形式进行等值认可。职业资格评价职能由行业协会承担,行业协会通过认证培训机构的形式,认可相关课程。教育培训的职能由大学、院校、培训机构来承担,他们负责为接受培训的人才提供学习经历的证明以及学习时间的累积计算,培训效果通过职业资格证书的通过率进行客观呈现。行业监督管理的职能由政府相关职能部门把关,政府相关职能部门有权对行业协会从事职业资格评价活动的主体资格进行定期审查,并对违法违规行为进行惩戒。实现各参与者间的职能分工和高效有序运行。

在日本的职业段位体系中,行业协会承担了职业资格评价标准设计、人才评价等职能,行业协会在征求企业意见、协调企业间不同观点方面具有优势,因此由行业协会组织发起对职业资格的标准进行制定、完善与动态更新,并作为客观第三方开展职业资格评价工作。教育培训职能通常在企业的工作一线进行,人才在工作实践中学,由技能水平较高的师傅对徒弟进行行为垂范和技术指导,在很大程度上实现了培养与评价的分离。

各职业资格参与主体可以充分发挥自身的优势,在一定的权利义务框架下有效运行,既能发挥自身的自主性,提高相关职能的运行效率和服务质量,改善公共福利。同时,各参与者也受到来自外部主体的监督、管理和制约,在有限的被监管的权力空间内运行,这种监督和制约既可以是基于市场机制的"用脚投票",也可以是基于行政机制的监督检查、主体资格评定和违规惩戒。

三、 参与者协同治理趋势日益明显

纵观德、英、日三国的经验,职业资格评价体系的又一大趋势是从政府单一力量主导逐渐转向参与者协同治理,充分动员各方力量广泛参与。从政府自身角度看,职业资格的管理者呈现多元趋势,政府职能部门的管理权限逐渐理顺,形成劳动技能部门主导(例如,日本的厚生劳动省、英国的教育技能部、德国的联邦教育研究部),各专业职能条线协同的治理框架。从多元利益主体的视角看,各国均注重多元利益主体的协同参与,从教育资源上整合高校、职业院校、培训机构的力量,从专业化组织角度整合行业协会、专业化委员会、社会团体、企业的力量,形成参与者协同治理框架。

这一举措有效改善了单一主体管理的诸多弊端,例如评价标准与实践偏离的问题、行政部门视野局限的问题、管理体制僵化的问题、行政部门专业化人员不足的问题等,最大限度地激发了职业资格评价体系的市场活力。尤其是突出第三方专业化组织的作用,发挥同行评价、专业化评价的关键作用,能够解决技术技能评价信息不对称的问题,提升职业资格证书的含金量与同行认可度,使之成为人才评价的有效工具。

四、 分类监管、分类治理成为主流

根据性质,职业资格又可分为多种类型,形成职业资格内涵与外延上的诸多差异,对相应的评价体系也提出了差异化要求。梳理各国在职业资格管理上的经验可以发现,越来越多的国家开始根据职业资格的具体特点,实行差异化治理。

例如,对国家安全、公共安全、人民生命财产安全具有重大影响的职业资格,采取准入类职业资格的强监管方式,寻求政府公权力的有效介入,确保职业资格标准制定、评价实施、资格审查、人员动态管理的扎实有序推进,以政府公信力确保职业资格评价的权威性。对一些与市场需求衔接紧密的职业资格,采取行业监管、行业自律的评价方式,借助行业协会、专业化委员会、第三方专业化机构的力量,将职业资格评价的整体运行权下放,通过市场化机制组织运行,充分激发市场主体的参与意愿与活力。此时,政府主要负责宏观规则体系的设计,推动规范性法律的出台,对职业资格管理过程进行监督指导,对行业协会等主体的资质与服务质量进行审核与动态监管。而行业协会等第三方专业化组织,在政府委托、授权或认可之下,以行业管理主体的身份主持职业资格评价工作,依靠自身的专业化优势与行业自律监管的地位优势,对行业内相关职业资格评价体制机制进行规范化管理。

五、 以法律框架指导职业资格管理工作

发达国家越来越重视法律在职业资格评价体系构建中的关键作用,通过推动立法从宏观上对职业资格体系运行以及相关的人才管理工作进行指导。例如,德国《职业教育法》搭建职业资格管理的基本框架,规定培训双方的权利义务关系,明确行业协会的职能权限。此后,又相继出台与之配套的法律法规,如《企业基本法》《培训员资格条例》《青年劳动保护法》《职业教育促进法》《手工业条例》《实训教师资格条例》等,[①]在细分领域实现相关法律的具体指导,使职业资格制度的相关环节有法可依、有规可循。同样,日本也以法律为基础,指导职业资格体系构建。日本的《国家资格考试制度六法》对职业资格的组成与分类进行系统规定,并在具体领域出台专门法律进行补充。例如,针

---

① 李明甫:《职业教育:经济发展的柱石——德国盛产高技能人才的秘诀》,《中国劳动》2005 年第 8 期。

对技术士的职业资格评价出台《技术士法》,在知识产权领域出台《知识产权基本法》等。

以法律为基础指导职业资格评价工作,将逐渐总结出来的行业管理经验上升到法律的高度,可以提升职业资格评价工作的科学化、规范化水平,为职业资格评价参与者提供行为依据,帮助政府相关部门提升行业监管与人才管理的权威性,形成立法监督、司法监督、行政监督、社会监督的完备体系,从而形成职业资格制度监管指导的长效机制。

第五章

职业资格评价体系构建的一般逻辑

职业资格管理问题,本质上属于行业管理问题,更确切地说是一种行业专业化人才的管理问题。因此,对于职业资格评价体制机制改革的讨论,首先应当从行业管理的一般原理入手。

第一节　行业管理的一般原理

一、　政府监管

经济学家亚当·斯密指出,市场自由运行可以达到资源的有效配置。市场主体受到一只看不见的手的指引,会为自己所能支配的资本寻觅最有利的用途,自利动机会自然引导市场主体选定最有利于社会的用途。①因此,亚当·斯密认为市场自发运行、自由竞争、自动调节就可以实现社会的整体利益,而无需政府干预。然而,实践证明市场机制不可避免地存在功能缺陷,突出体现为自发性、盲目性、滞后性等特点,尤其是对公共产品的投资存在明显的"市场失灵"效应,由于投资周期长、投资回报率低、投入资金大、投资风险高,使得市场主体不具有生产公共产品的主观动力。因此,经济学家凯恩斯指出,自由放任经济存在有效需求不足的内在缺陷,有效需求不足又是

---

① 郭薇:《政府监管与行业自律——论行业协会在市场监管中的功能与实现条件》,南开大学 2010 年博士学位论文。

由边际消费倾向递减、资本边际效率递减和流动偏好三种心理规律决定的，而单纯依靠市场自发调节，不可能解决这些问题，①需要实行全面的国家干预和调节。

政府是较为理想的监管主体，原因在于：第一，政府可以在一定程度上代表更为普遍的公共利益；第二，政府掌握了国家机器，可以行使强制性公共权力；第三，维护市场秩序、促进公共利益，既是政府的职责，也是政府行使公权力的重要方面。因此，为了纠正市场因功能缺陷引发的"市场失灵"问题，政府会对微观经济主体进行规范、监督和约束，形成帕累托改进，以实现更广泛的公共利益和社会福利。

二、 行业自律

虽然政府监管的必要性是毋庸置疑的现实需求，但政府能力的有限性常常制约了监管的效率和效能。尤其是在市场环境更加复杂多变、机会主义行为更加隐蔽、交易形态更加多元的情况下，政府的监管能力常常受到挑战和质疑。因为缺乏监管专业性、对市场主体真实情况缺乏必要的了解、科层制带来的组织失灵等问题的存在，政府常在应对时代变化产生的监管新要求时出现失效，甚至出现成本收益为零的情况，更有甚者不仅没有解决监管中的问题，反而导致许多意料之外的不良后果，甚至成为问题本身。与此同时，以行政执法为特征的政府监管并非解决市场失灵问题的唯一手段，还存在很多非行政性的问题解决方式，行业自律就是其中最具代表性的行业自我监管机制。如果能够促进行业自律的实现，使行业自律与政府监管相结合，让一部分问题消化在行业层面，而不是各种问题都被提升到法律或政策层面，改善市场监管，

---

① 郭薇：《政府监管与行业自律——论行业协会在市场监管中的功能与实现条件》，南开大学 2010 年博士学位论文。

弥补政府失灵就有了更大的可能。①

约翰·鲁恩卡(Ruhnka)和海迪·博斯特勒(Boerstler)指出,行业自律是一种正式行为规范的结构体系及其执行机制,由行业最高管理机构发起和批准,目的是敦促各成员遵守行业运营管制规则,敦促雇主与雇员遵守具有法律适用性的管制标准,以及监督企业遵守必要的行为管制标准。②彼得·格赖茨尔(Grajzl)和彼得·默雷尔(Murrell)将行业自律看成一种与政府并列的规范经济制度安排,政府采用一系列制度安排来规范经济,将原来由政府掌握的立法权谨慎地委托给一个代理机构,通常行业协会中的成员全部或部分来自受监管的企业或个人③。勒妮·德弗斯(Renee de Nevers)认为自律的程度取决于私人组织和政府机关的交互作用,随着来自政府的外部压力越来越大,即便是私人组织采取的自律机制也变得越来越正式。④

三、 中介机制

行业协会成为国家与市场之外的第三条途径。行政组织与经济组织按照各自的功能和特性,在各自的领域发挥着积极作用,但是还有一些领域是仅凭政府或企业的力量都无法触及的,需要有一个中间组织在双方之间起到信息传递的作用,通过一定运行规范,承担起政府或企业无法履行的职责,⑤这个组织就是非营利性社会中介组织。行业协会就是其中最典型的代表。只有行业

---

① 郭薇:《政府监管与行业自律——论行业协会在市场监管中的功能与实现条件》,南开大学 2010 年博士学位论文。

② John C. Ruhnka and Heidi Boerstler, "Governmental Incentives for Corporate Self-regulation," *Journal of Business Ethics*, No.17, 1998.

③ Peter Grajzl and Peter Murrell, "Allocating Lawmaking Powers: Self-regulation vs. Government Regulation," *Journal of Comparative Economics*, Vol.35, No.3, 2007.

④ Renee de Nevers, "(Self) Regulating War?: Voluntary Regulation and the Private Security Industry," *Security Studies*, Vol.18, No.3, 2009.

⑤ 傅新民:《校企合作影响因素的二维分类梳理与新探》,《职教论坛》2015 年第 9 期。

协会的独立存在和良好运行,才能确保行政组织与经济组织更好发挥各自的功能。显然市场经济的日渐成熟,有限政府的培育,迫切需要行业协会的发展,发挥行业协会的积极作用,使行政组织、经济组织和非营利性社会中介组织各司其职,履行相应的职能,构建起"政府—行业协会—企业"三者相互协调的有机统一体,从而形成新型政府与企业关系,促进市场经济飞速发展。行业协会以其较小的规模,与企业的联系性、灵活性、天然的协调性,降低企业交易成本等优势,展现自己在市场和国家之间的重要战略地位。相比市场和企业的逐利性和非正式网络的松散性,行业协会具有公共性和更加组织化等特点,①是一种介于行政机制与市场机制的行业治理模式。

第二节　行业管理视角下的职业资格管理

　　基于行业视角的职业资格管理,需要将职业资格问题放在行业管理的格局中审视。作为一种准公共产品,市场机制的内在缺陷在职业资格活动中同样不可避免,需要政府出面对市场行为进行规制。在政府行为也同样出现失灵的情况下,便需要探索介于市场机制与行政机制之间的第三种途径。

一、　基于行政机制的职业资格管理

　　政府的行政管理是职业资格制度不可或缺的重要环节。尤其是在一些关系到公共安全、国家安全、人民财产安全的重要领域,市场主体间可能会形成危害社会利益的垄断性联盟,又由于信息不对称等问题的存在,市场自身缺乏自我纠正机制,存在市场失灵的风险,需要政府权力的介入,代表公共权力对其进行严格的、强制性监管,预防并纠正市场失灵问题给公共安全和大多数人

---

① 郭薇:《政府监管与行业自律——论行业协会在市场监管中的功能与实现条件》,南开大学2010年博士学位论文。

利益带来的侵害。这也是从政府视角进行职业资格制度设计的目标与意义。

但同时,职业资格的行政管理机制也存在政府失灵的潜在风险。每种职业都有其具体的行业背景,对技术技能的规范性要求是一项相对专业的行业管理问题。政府在对相关职业资格进行管理和规制的过程中,不可避免地存在缺乏专业性、缺乏对实践需求的全面掌握、因科层制而导致的决策和管理低效等问题。因此,职业资格管理既需要政府公权力的监管,也离不开市场机制和行业自律机制的调节,需要以"多中心治理"的方式,进行权力、责任、义务的重构。

二、 基于市场机制的职业资格管理

职业资格制度在一定程度上也遵循市场机制,寻求服务质量的最优化和运行成本的有效控制。职业资格管理的市场机制也存在市场失灵的潜在风险。市场主体需要一种人才识别机制,以快速筛选、配置专业化人才,然而由于人力资源的流动性,这种机制仅靠单一企业或组织无法完成。一方面,单一企业资源和方法有限,有限的资源与手段仅能覆盖企业内部,无法快速高效地覆盖外部劳动力市场所有人才。二是单一企业对人才的评价常按照企业自身的选人用人标准,视角可能不全面,并不完全符合其他企业的选人用人要求。尤其是对技术技能具有较高要求的行业,为了避免录用不合格人才,需要一种全行业普遍认可的人才技术技能评价标准,确立进入该领域从事相关工作的技能要求。这种对人才识别机制的需求类似于一种"准公共产品",具有显著的正外部性特征。

一家企业对人才进行职业能力培训和认证,所形成的"标签效应"方便其他企业对该人才市场价值进行定价,无形中增加了人才被高薪挖走的风险。对企业来说,一旦这类人才流失,前期对其进行的培养、开发、认证投入都将变成沉没成本,不仅使企业蒙受损失,还可能因为失去核心人才被竞争对手反超。而另一些企业则习惯于采取"购买"策略,将外部劳动力市场作为补充人力资源需求的蓄水池,不培养人才,只"购买"人才,通过"挖墙脚"策略,在人力资源技能开发上"搭便车"。这种情况在行业内专业化人才供不应求时更为常见。行业内专业化人才供不应求,人才存在被其他企业高薪挖走的风险,企业缺乏对人才技能进行开发认证的动力,进一步加剧行业内专业化人才短缺,进一步加剧企业间以更高薪酬水平对人才进行争夺,进一步降低了企业对人才技能进行开发认证的意愿。久而久之,不培养人才,只高薪聘请人才,成为众多企业一致认为的最优选择。但对全行业来说,专业化人才供给不足的结构化矛盾,不仅无法缓解,甚至会愈演愈烈。这是一种由个体理性导致的集体不理性,如果没有外部干预,市场机制将会陷入一种无法自救的恶性循环。

三、 引入行业协会的职业资格管理

职业资格管理,归根结底是一种规范专业技术人才劳动力市场秩序的公共问题,单靠政府一方的力量无法实现预期的治理成效,单靠市场机制的调节也无法避免潜在的风险。作为第三种机制的行业协会,为职业资格制度提供了新的视角和治理思路。行业协会是政府与市场之间的重要衔接,处于特殊的网络地位,可有效发挥桥梁和纽带的作用。其作用机制不仅在于行业自律发展本身,更在于在多元参与者之间建立一定的链接,形成一种相互制约的制度性安排,从而发挥各方参与者的优势。相比其他市场治理主体,行业协会具有的优势,以及其与政府之间的权力互补关系,为职业资格多元主体协同治理格局的形成提供了可能。

职业资格制度是一项涉及多元利益主体的人才评价制度,其利益相关方包括政府、行业协会(第三方组织)、用人单位(企业、事业单位等雇主)、专业技术人才。需要引入行业协会、行业领军企业、专业化评价机构等多种类型的机构共同参与。其中,行业协会是不可或缺的重要一环,它的组织基础与运行机制既是行业自律管理的基础,也是构建行业网络结构的关键,更是构建职业资

格协同治理体系的前提。我国职业资格协同治理体系,需要以行业协会为重要支撑,对各参与主体之间的结构、关系、分工与互动进行调整,以新的协作方式创造新的价值,从而实现协同治理的整体效能。

第三节　协同治理理论的内涵与框架

综上分析,多元主体广泛参与的协同治理是职业资格体制机制改革的题中应有之义。以下将对协同治理理论的基本框架进行简要介绍,为后文关于职业资格管理问题的讨论提供研究视角与分析工具。

一、协同治理的内涵与特征

协同治理理论源于自然科学的协同论与社会科学的治理理论的交叉融合。1976 年,德国学者赫尔曼·哈肯(Hermann Haken)在其专著《协同学导论》中系统阐释了协同理论,强调不同性质子系统在时间和空间上相互影响,通过协作形成有序结构,子系统间通过协作可以达到更高效能,也即整体功能大于部分功能之和,形成 1+1>2 的效果。在社会科学领域,治理理论的发展促使协同治理聚焦于多元主体(如政府、企业、社会组织、公众等)基于特定问题,借助正式机制进行协商、互动、决策与共同行动。其核心内涵包括治理系统的开放性、主体的自组织性以及治理行为的有序性。安·马里·汤姆森(Thomson)认为协同治理是指"自治的行动者通过正式或非正式的谈判、共同制定能够影响他们之间关系、行动方式、议题决策的规则和框架进行相互影响的过程,这一过程涉及共享的规范和相互间利益的互动"。[1]

---

[1] Thomson Ann Marie, "AmeriCorps Organizational Networks on the Ground: Six Case Studies of Indiana AmeriCorps Programs". See in *Collaboration: Meaning and Measurement*, Indiana University-Bloomington Ph.D.diss, 2001.

具体来说,协同治理有六个特征:(1)公共性,多方主体为了解决公共问题或准公共问题,且该问题单靠一方的力量无法妥善解决;(2)多元性,多元主体广泛参与,例如,政府、社会组织、企业等。同时,政府不同职能部门之间,以及不同级别的政府之间也存在协同的问题;(3)互动性,不同参与者会在资源、信息、专业技能等方面具有比较优势,参与者之间会就资源投入问题进行互补、共享与协商,形成合作框架;(4)正式性与非正式性,协同治理既需要依靠正式的角色框架、制度框架、法律框架对合作方式、合作行为进行规范化,又需要依靠人际互动、心理契约、目标承诺等非正式元素形成协同运行的软环境,从而提高各方的参与程度;(5)主导性,对于我国来说,政府在协同治理中处于中心位置,尤其是针对涉及公共安全的社会问题,政府在合作召集、谈判发起、制度形成、运作监管等环节需要承担主导作用,同时为了提高协同治理的运行效率,政府还可以将部分职能授权给行业协会等第三方组织,或者以政府购买服务的形式进行转移支付;(6)动态性,协同治理是一个动态过程,参与者之间的合作模式与制度设定并没有统一模板,需要根据具体情况进行个性化定制,而且需要根据问题的发展、资源条件的变化、技术手段的更新升级,对协同治理的方式、手段、角色、框架、执行、监管等问题进行动态调整,不断实现动态优化。[①]

二、 协同治理的过程机制

学者对协同治理的过程框架进行了大量探索,普遍认为协同治理发生于组织通过重复的谈判、形成承诺、执行承诺的正式或非正式互动中,是几个连续的阶段。格雷(Gray, 1989)支持三阶段框架,包括确定问题、明确方向、贯彻执行。林·彼得·史密斯(Ring)和安德烈·范德文(Van de Ven)认为协同治

---

① 田培杰:《协同治理概念考辨》,《上海大学学报》(社会科学版)2014年第1期。

理是一个迭代循环的过程,而非线性过程(见图5.1)。

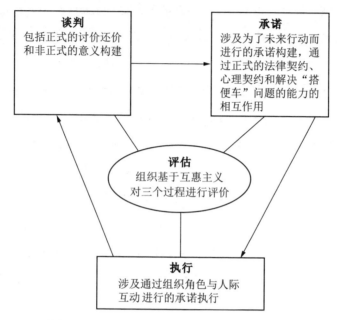

图 5.1 Ring and Van de Ven(1994)的协同治理过程框架

资料来源:Ring Peter Smith, Andrew H. Van de Ven, "Development Processes of Cooperative Interorganizational Relationships", *Academy of Management Review*, 1994, 19(1):90—118。

　　如果参与协作的组织能够通过谈判达成合作行动的最小一致期望,他们将形成对最初一系列行动的承诺。如果集体行动以一种互惠的方式执行,则参与组织会继续并扩大他们的相互承诺。如果这些承诺没有以一种互惠的方式执行,则参与者会采取重新进行谈判或降低承诺等纠正措施。①一方主体如果突然陷入社会两难困境中,很可能会投入资源改造这种结构以提高共同产出,这是一个不断试错的过程,直到参与者认为已经形成一个能够产生可观净收益的规则体系。②

---

① Ring Peter Smith and Andrew H. Van de Ven, "Development Processes of Cooperative Interorganizational Relationships," *Academy of Management Review*, Vol.19, No.1, 1994.

② Elinor Ostrom, "A Behavioral Approach to the Rational Choice Theory of Collective Action," *American Political Science Review*, Vol.92, No.1, 1998.

三、 协同治理的结构体系

安·马里·汤姆森(Thomson)和 J. L. 佩里(Perry)也对协同治理的结构体系进行解构,将协同治理过程解剖为五个维度,分别为治理维度、行政管理维度、组织自治维度、互惠维度和规范维度,其中治理和行政管理属于结构维度,互惠与规范属于社会资本维度,组织自治属于代理维度①(见图5.2)。

图 5.2　协同治理的前提—过程—结果框架

资料来源:Thomson A. M. , Perry J. L. Collaboration Processes:Inside the Black Box[J]. Public Administration Review, 2006, Special Issue:20—32。

1. 治理维度

治理维度是指对合作框架的搭建。参与者需要共同制定影响他们行为与关系的规则,通过共享的权力安排设计结构,以使各方达成一致意见。各参与

---

①　Thomson A M and Perry J L, "Collaboration Processes:Inside the Black Box," *Public Administration Review*, Special Issue, 2006.

者需要共同开发一系列操作规则来决定协同治理的议事机制,以规定哪些行为是被允许的、哪些行为是需要被约束的、哪些信息是需要提供的,以及成本和收益如何进行分配。同时,治理机构中还需要设计监督机制,以明确任何一方不遵守已达成共识的协议将受到怎样的惩戒,从而约束各参与者的行为。

2. 行政管理维度

行政管理维度是指将协同治理的合作框架落实为现实行动,对具体的工作目标和行为进行组织实施的过程,包括明确的角色分工与职责、清晰的边界设定、具体可操作的目标和良好的沟通等方面。协同治理中,因为参与者之间是基于共生的关系而非契约合同,因此传统的行政管理机制例如等级制度、标准化、程序化在跨单元间不如在单一主体内部那么有效。而且参与者之间的关系是水平合作关系,是平等的合作主体,传统依赖自上而下形成的管理机制(例如,协调、清晰的角色与职能、监管机制等)在协同治理结构中将产生新的内涵。在协同治理的分权治理结构中,仍然需要一个协调沟通的中心位置,负责信息发布,以使各参与者能够对协同治理的具体运行情况有所掌握。在我国这个中心位置更多的时候由政府来承担,扮演着"关系管理者"(relationship managers)的角色,负责组织和构建跨组织间关系、发布重要信息、协调各方利益。罗伯特·布林克霍夫(Robert Brinkerhoff, 2002)的研究发现,协同治理相对成功的原因在于以一种新方式进行合作的政治意愿被使用官僚机制的行政意志所增强了,也在一定程度上说明由政府主导的行政机制对协同治理的顺利达成具有重要贡献。

3. 组织自治维度

组织自治维度意在说明个体利益与群体利益的协调过程。每个参与方都具有双重身份:一方面是自身独特的身份和组织职责,另一方面是在协同治理中扮演的角色与职责,便形成自我利益(实现组织自身使命,维持一种有别于其他合作者的身份)和群体利益(实现合作目标,对合作伙伴和利益相关者负责)的内在张力,也就是自主—责任的两难困境(autonomy-accountability dilemma)。合作伙伴通常需要通过他们对目标的贡献来证明他们的参与,当合作目标与组织自身自治目标相冲突时,参与者的合作身份将受到威胁。因为协同治理通常围绕单一主体无法解决的棘手问题展开,这些问题如果可以被充分解决,就可以为参与者实现自身使命带来不同的选择,也即参与协同治理的动力,也因此愿意放弃一部分自我决定的个人意愿,在协同治理的共同目标下妥协。

4. 互惠维度

互惠维度是指协同治理的相互利益关系过程。合作的组织必然经历相互之间利益的相互依赖,既可能是基于不同(互补)利益,也可能是基于共享利益(同质性)。当一方拥有独特的资源(技能、专业技术、金钱等)是其他方面需要的或者是能从中受益的,合作就会产生。当利益相关者可以满足其他人的不同利益而不使自己蒙受损失时,合作就会产生。对单一组织而言,参与协同治理最关键的原因在于组织需要,即"从其他组织那里获取他们需要却没有而且对未来运营至关重要的资源"的需要。且合作伙伴基于各方不同利益达成的共识越多,他们一起合作的可能性越大。

5. 规范维度

规范维度具体是指构建社会资本规范的过程,包括两方面的要素,一是互利(Reciprocity),二是信任。互利可以从两个方面定义:一种是短期、偶然性的,一种是长期的,根植于社会学中对义务的理解。在合作中,一方通常在对方也表达出相同意愿的时候展示出自己愿意合作的意愿。这种你愿意我也愿意的心智模式(对等惠利)是以义务程度的感知为基础的,参与者愿意承担不成比例的初始成本是因为他们预期自己的合作伙伴会随着时间的推移对自己的成本支出和利益进行补偿。但曼瑟尔·奥尔森(Mancur Olson,1971)认为,当集体行动的参与者出于自愿时,那些边际成本大于边际收益的参与者将在群体最优达成之前停止贡献。博弈论中重复互动强调义务感的长期视角,这种义务感是以社会文化信条为基础的,从而在社会中形成了社会互动,并赋予互利交换以意义。与互利相关,规范的第二个方面是信任,可以被定位为群体中的个体的共同信念:(1)其他群体因为明示的或暗示的承诺而进行诚实善意的努力,(2)其他群体在作出此类承诺之前的任何谈判中都会诚实,(3)即便有机会,其他人也不会过分地利用他人。信任是合作最核心的因素,因为它能快速降低复杂性和交易成本。但信任的形成与培养需要花费很多的时间,而且不能一开始就计较成本—收益,需要以一种理想主义的状态开始。

四、 协同治理视角下对国家治理体系的探索

国内学者也就协同治理理论进行了大量研究,多结合中国国家体制及公共管理、公共服务、政策供给等诸多现实问题开展研究与探索,主要围绕以下几个方面:

对协同治理基本原理与分析框架的研究推进。张显乐和李雪萍关注协同治理过程中多元主体之间的信息交换,认为沟通理性、交易成本和信息叠加分别构成信息交换的认知基础、衡量标准和有效路径,同时他们研究发现,组织层面的圈层接触与交叉融合促进了组织之间相互学习和功能互赖,有利于实现权责一致和资源共享,降低系统运行的社会成本。①西宝等从技术协同角度提出了"价值—结构—过程—关系"框架,认为技术协同治理机制应包括问责机制、参与机制、评价机制、交流机制以及共享机制。②马雪松从基本公共服务

---

① 张显乐、李雪萍:《从失灵到有效:协同治理的"去柠檬化"行动分析》,《江淮论坛》2024年第8期。
② 西宝、陈瑜、姜照华:《技术协同治理框架与机制——基于"价值—结构—过程—关系"视角》,《科学学研究》2016年第34卷第11期。

的角度提出了"结构、资源、主体"的协同治理框架。①庞明礼和马璇关注协同治理的重要策略工具——"会议",从明晰协同理念、正视协同边界、构建协同规则三个方面探讨了让知识共享助推协同治理的具体路径。②

　　基于中国情境的本土化协同治理研究。肖克和谢琦关注跨部门协同治理,重点把握了中国"政党—政府—社会"及"政府创制社会"的治理情境,探索协同治理理论在中国情境下的适用性。③何增科探索了中国政府与社会协同的实践创新,区分了提供空间型、提供资源型、权利保障型、能力建设型等四类地方政府协同治理创新模式。④单学鹏关注中国情境下协同治理理论的研究走向,认为其特点在于以公共部门为核心主体,虽然也吸纳了多元主体,但主要聚焦于政府部门这一核心利益相关者,出现诸多中国本土化特色治理实践。⑤

　　很多学者关注国家重大发展战略下的协同治理实践议题。锁利铭和冷雪忠聚焦中国生态环境保护问题,认为区域环境协同治理是该领域的重大实践变迁,从外部情景、内部系统与交互效应三个维度阐释中国区域环境协同治理的整体逻辑。⑥陈兴宇和高晓红聚焦长三角生态治理,从理念协同(多元主体参与机制)、制度协同(共保联治制度体系)、行动协同(跨域生态治理的共治共享)三个层面探讨了长三角地区生态环境共保联治的协同治理体系设计。⑦也有学者关注数据协同治理问题。不同政府主体之间形成数据协同能够消除数据鸿沟,提高行政组织运行效率。但我国政府数据协同具有政策主体多样性、

①　马雪松:《结构、资源、主体:基本公共服务协同治理》,《中国行政管理》2016年第7期。
②　庞明礼、马璇:《会议中的知识共享:协同治理研究的新视角》,《中国行政管理》2024年第11期。
③　肖克、谢琦:《跨部门协同的治理叙事、中国适用性及理论完善》,《行政论坛》2021年第6期。
④　何增科:《国家和社会的协同治理——以地方政府创新为视角》,《经济社会体制比较》2013年第5期。
⑤　单学鹏:《中国情境下的协同治理研究有何不同——一项系统性回顾》,《公共管理评论》2025年第1期。
⑥　锁利铭、冷雪忠:《中国区域环境协同治理的"适应性嵌套"逻辑——基于社会生态系统框架的分析》,《理论与改革》2024年第5期。
⑦　陈兴宇、高晓红:《协同治理:长三角生态环境治理的理论基础与机制创新》,《苏州大学学报》(哲学社会科学版)2024年第6期。

政策环境复杂性、政策结构重叠性、政策群体规模性等特征,协同治理体系构建也更为复杂和重要。①姚清晨和黄璜探讨了数字化赋能城市协同治理的过程机制,在协同治理的不同过程阶段中,数字化赋能机制表现为:启动阶段的依赖激活与场景生产机制;运行阶段的双层嵌入、信任强化与知识增长机制;产出阶段的行动赋能、结果扩展与内外适应机制。②

---

① 李丽辉、杨林珂:《政府数据协同治理研究现状和趋势分析》,《西安财经大学学报》2025 年 1 月网络首发。

② 姚清晨、黄璜:《数字化赋能协同治理的过程机制研究——基于多案例分析》,《甘肃行政学院学报》2024 年第 5 期。

第六章

我国职业资格协同治理格局的多元角色定位

我国的职业资格管理体制改革，需要以"多中心治理"的方式，填补政府部分监管力量退出后产生的秩序和权威真空。其中要梳理好几个问题：第一，政府的权力边界问题，职业资格管理中哪些领域需要政府管理，哪些领域需要政府放权。第二，各参与主体间关系的问题，既相互区别又相互联系，既分工又协作。第三，各类主体的职能承担问题，哪些主体可以承担职业资格管理职能，如何获得职业资格管理的资格，如何实施职业资格管理职能。最后，制度化建设问题，如何通过制度设计重新定义主体间关系，使之明确化、公开化、长效化。本章将从协同治理视角出发，对职业资格评价体系的多元治理模式进行探讨。

第一节　职业资格评价体系中多元主体的组织属性

党的二十届三中全会通过的《中共中央关于进一步全面深化改革　推进中国式现代化的决定》中鲜明指出，"坚持系统观念，处理好经济和社会、政府和市场、效率和公平、活力和秩序、发展和安全等重大关系，增强改革系统性、整体性、协同性"。这为职业资格体制机制的改革指出了方向。为此，本节将以协同治理理论为指导，明确职业资格评价体系中各参与者的组织特征与属性，分析每类参与主体的职能优势，为协同治理框架的搭建奠定基础。

一、政府

政府是职业资格管理的重要参与方,从传统的直接管理,到现如今的放权式监管,政府的行政力量始终是职业资格公信力的重要来源。根据政治学和行政管理学等理论的分析,行政组织(政府)的主要特征可以归纳为以下五个方面:

1. 合法性

行政组织是行使国家行政权力的机关,根据法律设立,拥有的权力、承担的责任由宪法和法律明文规定,行政组织的主要成员(主要是行政首长)通过一定的程序直接选举或间接选举产生。行政组织行使国家公共权力,实现相应行政职能,采取有效的政策措施满足社会和公众的需要,从而使自己获得公民的支持。政府合法性正是职业资格制度权威性与社会公信力的重要来源。

2. 公共性

公共性是指涉及更广泛人民利益的相关事务,与私人性相对应。公共事务由国家机关提供管理和服务,主要由行政组织提供政策和措施,满足公民需要,确保其承担的政治职能、经济职能和社会职能可以有效实现。[①]在私人利益与公共利益不一致时,政府可能会将私人事务纳入行政组织调整的范围,例如战争时期,为了确保战争的胜利,私人资源可能会被政府征用,由政府加以配置,再以一定的机制对私人利益损失进行补偿。职业资格制度作为一种对专业技术人才的管理方式与管理手段,具有一定公共性特征,需要政府的公权力进行适度参与。

---

① 陈寒:《行业协会自治权利保障研究》,南京师范大学 2017 年硕士学位论文。

3. 强制性

由于行政组织具有行使公共权力的合法性,与这种合法性相伴而生的是强制性。以国家机器形成的强制力为后盾,政府有权对不服从社会整体安排的社会组织或公民实施强制性惩罚措施。以职业资格管理制度为例,一些岗位由于涉及国家安全、公共安全、人民生命财产安全,国家为了保障更广泛的公共利益,会出台相关政策要求这些岗位必须由已经取得职业资格证书(行政许可)的劳动者来承担。如若任何企业或个人违反这一规定,甚至因此引发不良社会后果,则将受到相应行政主管部门的处罚或惩戒。

4. 全面性

为了确保社会秩序,行政组织行使权力的范围,包括国家领土涉及的所有区域和所有公民,具有调整范围的全面性和对象的全面性。相比之下,经济组织、社会团体制定的制度和规范则仅限于某一行业、某一组织或某一类特定群体,其适用范围具有一定的局限性。在职业资格制度中,政府出台的相关政策将规范指导所有类型的职业资格,形成统一有序的社会氛围;而行业协会等社会组织对职业资格进行的管理仅针对其所在区域和所在行业。

5. 权力非对称性

行政组织执掌着国家的强制权力,在处理公共事务时,其与社会组织和公民之间的权力是不对称、不平等的。相比之下,行政组织具有更大的权力优势,而经济组织、社会组织和劳动者群体则处于相对劣势。以职业资格管理活动来说,政府可以作为改革的发动者,决定职业资格评价体系的最终模式,社会组织、企业与公民等利益相关群体仅具有意见建议权。一旦职业资格评价体系被政府以决策形式固定下来,社会各方就必须按照规定执行和遵守。

二、 企业等雇主组织

企业等雇主组织是人才的雇佣方,也是职业资格的主要使用者和受益者,职业资格作为一种对人才技术技能的认证体系,可以帮助雇主甄别筛选人才,从而提高人—职匹配、人—岗匹配的程度。企业组织是自治性的经济主体,与市场机制密切相关,主要特点可以归纳为以下四个方面:

1. 逐利性

无论处于生产、流通、交换哪个环节,企业生存发展的目的归根结底就是追求利润最大化。效率优先是企业行为的主要原则。企业对职业资格证书的使用也是基于实现效率最大化的考虑,职业资格证书可以为企业节约一定程度的人员筛选成本。也是因为企业的逐利性特征,其对人才专业技能的使用可能会忽略社会公共安全,为了追求利润最大化而违反职业底线要求及相关安全规范。因此,对涉及国家安全、公共安全、人民生命财产安全的重要领域,需要政府强制力的介入,制定符合公共安全的底线要求,责令企业遵守。从这个角度而言,对专业技术人才的监管也正是对企业市场行为的监管。

2. 自治性

自治性是指组织为了最大化效能,根据自身需求和具体情况决定自身行为的自我决定性质。由于企业等经济性组织以市场机制为基础,势必因为利益的驱动对自身决策进行调整,出现"用脚投票"的行为。具体而言,不同职业资格证书对雇主的意义和价值不同,雇主对该证书的偏好性与倾向性也会存在差异。如果职业资格的评价标准正是企业在实践中需要的,则企业对该职业资格证书的认可度更高,在招聘、任用等环节使用该职业资格证书作为候选人衡量标准的可能性越大。如果职业资格的评价标准与企业的现实需求相偏离,则企业对该职业资格证书的认可度更低,在人才选拔与管理中使用该职业资格证书作为要件的可能性就会降低。作为利益相关方,企业等雇主需要在职业资格评价标准的制定上享有一定发言权,参与评价标准制定过程。否则可能会导致"评非所用"的情况,这不仅对用人单位是一种错误引导,也是对社会公共资源的一种浪费。

3. 平等性

市场机制中,遵循等价交换原则,无论是大企业还是小企业,交易主体间的地位是平等的,在法律中的权利义务关系也是平等的。以职业资格评价体系为例,无论是大企业还是中小企业,都必须严格遵守政府出台的职业资格准入要求,切实对公共安全负责。同时,在职业资格证书使用方面,各类企业也是平等的,遵守相同的准入标准,不会因为企业规模而有所差异。因此,在职业资格标准制定的过程中,也应当对不同类型的雇佣主体进行平等授权,无论是大企业还是中小企业,无论是国有企业还是民营企业、外资企业,都应当享有平等的参与权和建议权。

4. 互惠性

经济组织与第三方组织之间签订的合同都是在双方平等的基础上自愿形成的,双方从合同中获得各自的利益,反映出互惠的关系特征。企业等雇主组织参与职业资格评价体系的协同管理,也应当遵循互惠原则,企业可以在参与过程中有所获益,以调动企业等雇主组织参与的积极性。企业通过对职业资格标准制定等环节的有效参与,可以使职业资格证书更贴近自身需求,节约人才筛选成本。企业甚至可以作为职业资格评价的主办方,实现对行业的标准引领和标准输出,并从中赢得行业领先地位。这也是企业等雇主组织参与职业资格协同治理机制的动力之所在。

5. 竞争性

经济类组织之间具有竞争性特征。公平竞争机制可以引导企业以最有效率的方式配置资源,从而实现利润最大化。一些职业资格证书具有垄断性,不利于社会资源的最优化配置。具体来说,这种垄断性具体体现在主体的垄断性和选择的垄断性。一个行业仅有一个行业协会,仅有一个相应的证书,只能通过单一组织进行认证,限制了企业的选择权。其实,职业资格评价体系中也可以适当引入竞争机制,尤其是在非国家安全、公共安全和人民生命财产安全的领域。通过竞争可以优化服务质量、降低社会成本、提升企业人才使用的自主权。

三、 行业协会

市场是以志愿(自由交易)方式满足私人利益的机制,而国家则是以强制权力满足公共利益的机制,由于这两种机制均存在职能边界,于是产生了以志愿方式满足公共利益的第三种机制,即第三部门。[①]行业协会(Trade association or industrial association)就是第三部门的典型形式,它是介于政府与市场之间的一种中间状态。

学者从不同角度对行业协会进行过界定。例如约瑟夫·布雷德利(Joseph)认为行业协会是由参加相同或类似经济活动的公司所组成的,旨在解决其共同或普遍性问题的组织。[②]乔治·兰姆(George)和萨姆纳·基特(Sumnsters)认为,行业协会是一种非营利性合作组织,它由竞争主体组成,面临一个广泛而极速扩张的市场,促进和提高该行业中成员的共同经济利益。[③]梁上上

---

① 秦晖:《政府与企业之外的现代化——中西公益事业史比较研究》,浙江人民出版社 1999 年版,第 5—6 页。

② Joseph F. Bradley, "The Role of Trade Associations and Professional Business Societies in America," *Social Force*, Vol.44, No.3, 1966.

③ George P. Lamb and Sumner S. Kittelle. Trade Association Law and Practice, Boston, Mass.: Little Brown, 1956.

认为,行业协会是"同一行业以共同的利益为目的,以为同行业提供各种服务为对象,以正义监督下的自治行为为准则,以非官方机构的民间活动为方式的非营利法人组织"。①于海认为,行业协会是具有社会自治、社会中介、自律管理和社会权力四混合的组织②。杨宇认为,行业协会是"一种由同行业市场经济主体或同职业的人员组成的,以实现全行业的共同利益为宗旨的,非营利性、非政府性的社团法人"。③鲁篱认为,行业协会是"由单一行业的竞争者所构成的非营利性组织,其目的在于促进提高该行业中的产品销售和雇佣方面,提供多边援助服务"。④杨梦俊和喻理聚焦工商领域行业协会,将其定义为"以有关企业事业单位和行业协会为主要会员,依照国家有关法律法规自愿组成的自律性、非营利性的经济类社会团体法人;是企业与政府之间的桥梁和纽带,通过协助政府实施行业管理和维护企业合法权益,推动行业和企业健康发展"。⑤综合来看,行业协会集中体现了几种属性:

1. 同行业性

同行业性是指行业协会的成员均属于同一领域或行业的自然人、法人或组织,这意味着行业协会的成员间在一定程度上存在竞争关系,既有共同利益,也可能形成零和博弈的资源争夺。在职业资格体制中,为了协调不同市场主体之间关于职业资格评价标准的利益平衡,多借助行业协会的平台效应,集合行业中众多类型企业的意见和建议,形成兼顾各方的评价标准。

2. 互益性

互益性是指以改善成员的共同利益为目标,这种互益性与公益性相区别。

---

① 梁上上:《论行业协会的反竞争行为》,《法学研究》1998 年第 4 期。
② 于海:《行业协会与社会中间结构》,载范丽珠主编:《全球化下的社会变迁与非政府组织(NGO)》,上海人民出版社 2003 年版,第 307—310 页。
③ 杨宇:《行业协会概念辨析》,《皖西学院学报》2007 年第 3 期。
④ 鲁篱:《行业协会经济自治权研究》,法律出版社 2003 年版,第 6 页。
⑤ 杨梦俊、喻理:《行业协会与企业创新》,《世界经济》2024 年第 7 期。

公益性是指符合普通大众的共同利益,而互益性则是指有限范围内的共同利益,也即成员间的共同利益,实现所谓"特殊普遍利益"。公益性组织没有自己的特殊利益,为社会公益事业提供公共产品,而互益性组织以会员制的形式服务内部成员,一方面代表成员的共同利益,另一方面需要协调成员的内部关系,促进成员之间相互利益的协调。

3. 非营利性

同时,行业协会属于非营利性社会中介组织。非营利性是指不以营利为目的,其成立和运作的目的在于为其成员提供一些公共性服务。它与营利性社会中介组织相比,后者是以营利为目的,连接市场中各类主体,提供信息咨询与专业化服务的组织,具有营利性、专业性、中介性和直接为市场活动提供服务等特点;前者不以营利为目的,主要发挥信息沟通、纠纷协调、利益表达、仲裁公证等方面的作用。①但这并不意味着行业协会不产生收入,行业协会的某些活动可能会产生利润,但协会无权对这些利润进行分配,必须符合分配限制条款(The Articles of Distribuational Constraints)。因此各国税法对行业协会的收入大多有税收优惠的规定。

4. 中介纽带性

行业协会既非官方属性,也非民间属性,是一种介于政府与市场的中间类型,可以作为沟通市场与政府的媒介与桥梁。行政组织与经济组织按照各自的功能和特性,在各自的领域发挥作用,但是还有一些领域是仅凭政府或企业的力量都无法解决的,需要有一个中间体传递双方之间的信息,制定相应的运行规范,行使政府或企业都无法履行的职责,这个组织就是非营利性社会中介组织,行业协会就是其中一类。行业协会有着它自身的结构和功能,扮演着特

---

① 徐家良:《互益性组织:中国行业协会研究》,北京师范大学出版社 2010 年版。

殊的社会角色:一方面自主地履行社会的特定功能,维护经济秩序,发挥行业自律的作用,代表行业中的企业向政府职能部门表达传递对相关政策或制度(例如,职业资格制度)的意见和建议;另一方面又能连接政府与企业,沟通信息,承接法律授权、政府委托和企业委托的事务,代表政府(或接受政府授权委托)监督行业公众秩序,行使行业管理的公共职能,使政府—行业协会—企业三者之间效用最大化。

第二节　职业资格协同治理格局中多元主体的参与依据

职业资格评价体系中,各主体依据自身特色可形成相对优势领域,是其参与职业资格评价体系的必要性、价值性与功能性基础。

一、政府

政府是职业资格评价体系的管理主体,在职业资格评价体系中处于中心位置。首先,政府是公共权力的代表,需要维护社会公共安全及市场交易的公平公正。其次,政府处于协调各参与主体的节点位置,是职业资格体制机制改革的发起者与协调者。第三,政府还是职业资格法律与相关政策的决策者与维护者,需要负责对参与机构的行为进行监管。第四,政府还肩负着裁判的角色,需要对各类职业资格的社会可比性作出客观公正的评判。

1. 克服市场失灵

政府相关职能部门管理并参与职业资格评价体系的出发点在于克服市场在人才管理中的局限性。由营利性组织组成的市场经济,有其难以克服的内在局限,也就是经常被提到的"市场失灵"的问题,因为不完全竞争、经济活动的外部效应、缺乏投资公共品的动力、自然垄断、信息不对称、次优问题等问题的存在,①市场并不能按照理想化方式配置各项资源,实现社会效能的最大化。为了克服市场这一"看不见的手"的内在局限性,政府有时会对经济事务进行调控与干预。具体到职业资格管理上,用人单位为了追求利润最大化,对人才的使用以实现更大组织利益为依据,可能会偏离社会公共利益,又由于这些领域专业性很强,存在信息不对称,极易导致垄断或不正当竞争等市场失灵现象。为了纠正并震慑可能出现的市场失灵问题,政府需要从公共安全的角度设置职业资格标准的底线与红线,以避免因市场主体合谋而导致的公共利益损失。

2. 发起体制机制改革

政府是职业资格体制机制改革的发起者。市场失灵是政府干预的基础,而政府干预又为企业的经营活动提供了制度场域,构成了企业运行发展的重要外部环境。职业资格评价体制机制改革的初衷在于提升并优化该制度的社会整体效能。当前,我国仅有《职业技能鉴定规定》(劳部发〔1993〕134 号)、《职业资格证书规定》(劳部发〔1994〕98 号)和《职业资格证书制度暂行办法》(人职发〔1995〕6 号)三部制度法规对职业资格相关活动进行指导和规范。随着实践的发展,职业资格制度运行的外部环境已经发生翻天覆地的变化,市场竞争程度、技术进步程度和社会发展程度与二十多年前相比已不可同日而语。尤其是政府管理理念、管理方式发生极大转变,从原来大包大揽的管控思维,逐步过渡到"放管服"改革、有所有为有所不为的时代。政府作为职业资格评价体制机制改革的发起者,想要以新理念、新方式、新技术为基础形成新的体系,以优化并提升职业资格管理的社会效益,以回应实践发展对职业资格管理提出的新要求与新挑战。作为发起者和协调者,政府应充分动员企业、行业协会、专业化组织等各方力量,发挥各方优势,共同研判职业资格体制的优化改

---

① 鲁篱:《行业协会经济自治权研究》,法律出版社 2003 年版,第 6 页。

进空间,形成开放、协同、高效的治理格局。

3. 长效机制构建

政府是政策法律的出台者、制度的维护者、行为的监管者。在多元主体合作基础上形成的职业资格协同治理框架,需要政府通过政策、法律等形式予以认可和固定,以使各主体的合作行为有章可循。当出现争议时,有评判的依据。同时,政府掌握的公共资源可以对职业资格评价机构的相关活动进行购买或资助。例如,当市场主体以市场机制承担一定公共职能时,政府可以通过购买服务的方式,购买符合标准的服务资源;当行业协会承担部分政府委托的行业管理职能时,政府可以对相关活动经费提供全额或差额补贴。此外,政府掌握的公权力还赋予其对政策、法律进行维护的职能。当各类职业资格机构出现违反公共利益的行为时,政府可以使用行政权力对其进行惩戒,甚至可以动用国家机器追究违法机构的法律责任。

4. 公共利益仲裁

政府还需要扮演裁判员的角色,对标准不一的各类职业资格进行客观价值评价,以提升他们之间的可比性,从而构建职业资格的国家体系。人力资源在社会中的相对位置决定了其职业地位。但由于人才的领域不同、专业不同、行业不同,不同职业之间常缺乏相互比较的依据。因此,需要政府作为第三方,建立健全职业资格评价体系和国家资质等级规范体系,以形成人力资源队伍的宏观秩序,形成全社会可比的人才管理梯度。尤其是国家层面的资质等级规范体系,可以从内循环角度有助于本土人才找到自己在职业价值体系中的相对位置,还可以从外循环角度将我国的职业资格对国际通行的职业资格进行等值比较,从而打通相互之间的转换关系。而且,国家资质等级规范体系可以跳出单一职业视角,从宏观层面对领域不同、标准不一的职业资格进行等值比较。这项职能只有政府这个处于权力中心与信息中心位置的主体能够办到。通过对各类职业资格管理信息的汇总,政府能够站在更高层面对职业的社会相对价值进行客观评判,形成相对公正可比的职业资格框架,便于对多元化人才队伍进行管理。

二、 企业等雇主组织

企业等雇主组织是人力资源的使用方,同时也是职业资格制度的受益方。企业等经济性组织在职业资格管理体系中的相对优势主要体现在三个方面:降本增效、掌握实践需求、提供灵活管理机制。

1. 降本增效

企业等市场主体的最大优势在于市场机制激发出来的效率优先原则,努力以最小的成本实现更大的产出收益。换言之,市场机制有助于实现资源的最优配置,有助于实现最大化的办事效率。职业资格协同治理中,在必要的环节可以借助企业等市场主体的专业化力量,通过市场化竞争,在既定目标框架下,激发更优的效率机制,从而节约社会成本,提升职业资格评价体制机制的整体效能。

2. 掌握实践需求

企业是人力资源的使用方,是各项专业技术应用的第一线,对实践一线的需求更加了解。作为需求主体,企业对职业资格的需求状况以及对特定职业资格的实践标准更有发言权。同时,随着科技的发展,很多专业技术也在不断升级换代中,企业能够最先感知这些动态变化,能够把握所属领域、行业以及职业的发展趋势,在职业资格标准的设计上更具有前瞻性。因此,行业中的企业,尤其是那些具有技术领先地位的企业,其制定的职业资格标准可以反映实践中最真实的需求,与工作一线的应用衔接得最为紧密,甚至能够代表行业技术水平的最高标准,从职业资格效率角度具有更大的优势。

3. 提供灵活管理机制

从管理机制的角度看,企业等市场主体的管理机制更加灵活,实现手段方式更加多元。这种机制和方式上的优势,能够增加企业参与职业资格制度的实践柔性。对于行业领军企业来说,可以设置自己的职业资格标准,以其行业领先的地位为优势将其标准向其他中小企业输出,促进本行业向自己擅长的技术技能模式形成路径依赖,从而巩固自身在行业中的主导地位。虽然中小企业在行业中的地位和话语权相对较弱,但可以集合众多处境类似的中小企业,以行业协会为载体集体发声,参与到职业资格协同治理体系中。

三、行业协会

行业协会作为第三方中介组织,在职业资格协同治理体系中的功能优势主要体现为以下几个方面:

1. 信息优势

信息功能主要有三种形式:(1)信息库功能,行业协会处于行业信息网络的节点位置,能够更加全面地掌握本行业的历史资料、案例素材、统计数据等信息,在信息占有上具有相对优势,并能据此形成行业信息数据库。(2)专业仲裁功能,由于行业协会全面掌握本行业的专业化信息,可以作为信誉评价中介和投诉甄别中介,以第三方的角度提升职业资格管理职能的客观公正性。(3)发展规律与趋势研判预警功能,由于行业协会处于本行业信息中心位置,不同成员的相关信息都会汇总于此,对数据信息的深度挖掘有助于分析研判本行业的发展规律、竞争趋势和潜在风险等共性问题,为职业资格政策制定提供决策依据。

2. 协调优势

协调功能包括两种更加密不可分的机制,即协调对外行动和实施内部惩罚。协调对外行动,指成员为了直接或间接地提升自身利益,愿意放弃自身一部分的自主意愿而加入行业协会,与其他成员达成一致行动的协同功能。市场主体之所以愿意加入行业协会,就是为了分享行业协会形成的正式网络带来的规模效应和外部经济。此外,成员还能从行业协会组织的集体行动中得到直接和间接的好处,如降低交易成本、共享税收优惠、获得政府补贴以及应对经济萧条等。①这些优势在职业资格管理中也能得到充分体现,政府通过扶持行业协会,促进行业协会承担职业资格评价职能,从而使行业中的众多企业从中受益,节约人才筛选评价方面的交易成本。

实施内部惩罚是为了避免成员"搭便车"、单方面违反集体行动等行为而进行的群体惩戒。有时成员只顾短期利益而出现机会主义行为,违反事先约定好的集体行动,造成整个行业的利益损失。为了约束并规范成员行为,行业协会出于公共利益(此处指行业内的公共利益,而非整个国家或社会的公共利益)考虑,针对成员的违规行为设计相应的惩罚措施,或将行业约定俗成的集体抵制措施公开化、合法化,从而对潜在的行业违规行为形成震慑。这些行为有的时候可能是合法的,但违背了成员之间达成的一致行动,损害了行业的整体利益。这种内部惩戒权力的行使有助于行业协会形成行业威信,是职业资格公信力的重要来源,也是对职业资格持证人群进行动态管理的现实基础。

3. 成本优势

成本优势这种比较优势是行业协会相对于其他几种治理机制而言的,具体体现在以下几个方面:(1)运营成本的优势。在职业资格管理运营方面,行业协会作为非营利性的社会化团体,多采用扁平化的组织结构,与政府机构的

---

① 孙丽军:《行业协会的制度逻辑》,复旦大学 2014 年博士学位论文。

科层式结构相比,沟通协调更为顺畅,决策执行更加得力。因此,由行业协会来承担职业资格职能可以比政府主管部门直接承担该职能,需要更低的管理成本。(2)决策—执行成本的优势。由于行业协会是一个自愿性组织,在职业资格评价标准的制定上,行业协会可以充分动员成员单位积极参与,形成一个符合各种类型、各种所有制背景、各种规模组织的一般需求,实现相对有效的利益平衡政策,从而有助于决策和后续执行成本的节约。(3)监督成本的优势。由于行业协会是一种组织化的秩序,具有形成集体决策的权威性,也掌握了一定的惩罚性措施,因此在成员间具有一定的震慑力,可以作为行业自律的基础,在很大程度上可以约束非正式组织中的机会主义行为,[①]从而节约职业资格评价体系的监管成本。

4. 专业化优势

相对于政府机构,行业协会对本行业的具体情况更为了解,可以有效解决因信息不对称而引发的政府监管失灵问题。尤其是在职业资格政策制定和评价标准形成的过程中,行业协会将组织成员单位代表、工会代表、专家代表等利益相关主体共同参与,他们对所在行业的发展现状、技术水平、成本收益等方面的信息了如指掌,可有效避免一方为了自身利益而隐瞒重要信息的问题,从而有效提高职业资格管理制度及评价标准的科学性、有效性和现实需求回应性。从监督的角度也是如此,由于行业协会更加掌握本行业的技术信息,在职业资格审查、注册、动态监管等问题上可以有效避免信息不对称带来的监管真空地带,具有更加专业化的监管能力。

5. 管理机制优势

通过行业协会的第三方机制来实现职业资格管理职能的主体优化,是治

---

① 鲁篱:《行业协会经济自治权研究》,西南政法大学 2002 年博士学位论文。

理体系与治理能力提升的重要体现。行业协会比政府机构更加接近市场化组织,机构更加扁平化,人员雇佣更加市场化,管理机制更为灵活,能够在很多方面节约职业资格管理职能的制度性成本,从而系统性提升综合管理效能。国家行政机关下放或者让渡部分管理权力给行业协会,行业协会可以将这些权力转化为一种行业自治的行为机制,通过正式或非正式的制度安排,形成对行业发展的软约束,从而可以有效避免由政府直接承担导致的结构复杂、机构臃肿、职权不清等问题。

第三节　职业资格协同治理格局中多元主体的自身局限

尽管不同主体在职业资格职能承担上有其独特的显著优势,但也因为不同主体的性质而存在一些不可避免的内在局限,极易限制效能发挥。职业资格评价体系构建,就是要通过结构性安排,在发挥各类主体优势的同时,尽力抑制各类主体内在局限可能产生的不利影响。

一、政府

虽然政府在一定程度上有助于市场失灵的矫正,但对企业而言具有一定的负面效应。一是政府的过度干预会抑制企业经营自主权的发挥。国家对企业控制力的加强必然是以企业自主权的弱化为代价。另一方面,由于环境的变化,经济技术发展具有易变性特质,但政策具有相对滞后和不完备的属性,企业在国家政策干扰下,难以对市场发展趋势形成正确预测与判断,进而将严重影响企业技术路线的决策能力。①

具体到职业资格管理制度,单靠企业等雇主组织的力量,人才筛选难度

① 鲁篱:《行业协会经济自治权研究》,西南政法大学 2002 年博士学位论文。

大、成本高,如果招聘到专业技能不符合标准的员工,企业可能要承担高昂的解雇成本,或者需要承担高昂的培训费用。但如果职业资格管理工作由政府相关职能部门来承担,可能会削弱企业等市场主体的话语权,使企业无法有效参与并影响职业资格标准的制定,政府制定的职业资格标准可能与企业在实践中的使用标准相偏离。同时,职业资格是政府人才管理的重要方式,需要有相关政策与法律依据。但随着专业技术发展环境的快速变化,政策存在的现实基础会出现颠覆性变化,可能不再适应职业资格的实践需求。

二、 企业等市场主体

企业等市场主体的主要弊端在于趋利避害,这种内在缺陷是资本逐利性导致的。在人才使用方面,如果不加限制,企业可能利用人才的专业技术技能追求不当利益,危害行业整体利益,甚至危害社会公共利益和国家安全。因此,在涉及国家安全、社会公共安全等关键领域,专业技术人才的管理与使用不能仅听令于企业,政府或行业协会需要对该职业设置安全红线,任何法人实体或经济组织绝不允许越界。

企业承担职业资格评价职能的潜在弊端还在于,职业资格证书可能成为其逐利的手段或方式,而不是人才筛选的目的本身。企业可能为了自身利益,干预或左右职业资格标准的制定,或将职业资格标准向有利于自身的方向引导,形成难以撼动的既得利益群体,影响职业资格的社会公允性。由于信息不对称的存在,这些行为常常是隐性的,不易被察觉,因此对行业监管提出了更大的挑战。例如,一些培训机构推出一系列与实践脱轨的职业资格标准设定、教育培训、考试评价"一条龙",可能出现培训机构为了更多的人获得资格证书而在考试环节降低难度的现象,通过率提高了,会有更多的人报名培训、参加考试,形成一个实现利益的循环。而该证书对于人才筛选的价值与作用很难获得企业等雇主组织的认可,甚至可能误导企业雇佣不合适的人力资源。从社会公共价值的角度,造成资源的极大浪费。

同时,企业的趋利避害还表现为"用脚投票",当职业资格标准有利于企业组织发展的时候,企业对该标准将更加拥护;而当职业资格的标准不利于企业的利益实现时,企业会采取隐性的或者显性的行动对其进行抵制。因此,在参与职业资格协同治理时,企业等市场主体可能会出现违背合作初衷的行为。为了对企业的行为进行震慑,需要政府或行业协会采取一定的管制措施对企业的行为进行制约(例如,对在职业准入有具体要求的岗位雇佣了不具备职业资质的劳动者的企业进行行政处罚),从而确保职业资格制度能够统一、有序运行。

三、 行业协会

作为第三机制的行业协会也并非只有优势,与其他非营利性组织一样,也有其无法克服的内在缺陷,主要表现在由共谋和排他性的限制竞争和不正当竞争行为引起的经济低效率。[①]具体来说,行业协会掌握了企业和市场的双边信息,以及在成员内部的惩罚性协调能力,很容易把天然的协调能力转化为共谋的能力,为实现仅有利于成员甚至是少数成员的"特殊普遍利益",而实施有损于竞争者、客户、消费者以及小企业利益的行为。例如,借助职业资格评价手段,抬高行业准入门槛,限制行业内部的有效竞争,使职业资格成为行业利益格局的保护伞。因此,行业协会的有效运行离不开政府部门的有效监管,只有对行业协会的共谋行为进行合理制约,才能维护更加广泛的公共利益。

---

① 余晖:《行业协会组织的制度动力学原理》,《经济管理》2001 年第 4 期。

第七章

我国职业资格协同治理体系中的多元协作

职业资格评价体系不仅与参与主体的职能属性有关,更与参与主体能够具体承担的职能类别密切相关。在实践层面,政府、行业协会、企业已经不再是抽象意义上的主体,而是很多的行政管理部门、专业化中介组织或行业中的龙头企业等具体形式。在分析了各主体参与职业资格评价体系的必要性、可行性和内在缺陷性的基础上,本章将着力研究不同主体能够承担的具体环节,并就一些交叉职能的分工进行原则分析,探索不同情况下各主体的分工协调模式。

第一节 各主体在职业资格制度中的职能承担

一、 政府

政府这一角色,从职能类别的角度,可细分为政府人力资源和社会保障的主管部门、各职能条线的分管部门、直接受政府管理的专业化人才评价机构等几类主体。从结构等级的角度,又可以细分为中央政府、省级政府和地方政府。参与主体之间的角色定位还涉及政府内部各职能部门间的职责权限划分,涉及不同层级政府部门之间的协调合作。根据组织特点和功能定位,不同行政管理部门在职业资格评价体系中可以承担的职能具体包括:

1. 人力资源和社会保障部门

人力资源和社会保障部门是人才宏观管理的主管部门,主要负责与人力资源相关的制度设计,例如评价制度、晋升制度、保障制度、评优制度等。职业资格制度是人才评价制度的重要组成部分,是人力资源和社会保障系统牵头抓总的改革事项。国家层面的人力资源和社会保障部,处于职业资格协同治理的中心位置,需要统筹协调由各职能条线具体管理的职业资格,以及由地方人力资源和社会保障局管理的地方性职业资格。

首先,国家人力资源和社会保障部是职业资格制度的主管部门,具有树立目标、奠定基调的战略指挥职能。所有职业资格的设立、撤销、社会价值评估均由其负责。尤其是国家级的职业资格,必须向人力资源和社会保障部门报备,经过行政审批方可设置。因此,该部门掌握着新职业的确定权、新国家级职业资格的审批权、旧职业资格的撤销权等相关权力。

其次,国家人力资源和社会保障部需要协调不同领域的职业资格制度,搭建国家层面的资质等级规范体系。该框架是从宏观层面对职业资格制度进行的顶层设计,其主旨在于打通学历教育与职业教育之间的可比性,打通全日制教育与在职教育之间的可比性,打通不同职业资格种类之间的可比性,打通中国职业资格与其他国家职业资格之间的可比性,使每类教育形式、每类职业资格证书在国家人力资源开发整体框架中都能够找到相对位置。这种顶层设计对国家人力资源开发意义深远,有助于提高人与岗位、职位的匹配性,有助于人力资源的持续开发与终身学习,有助于明确不同层次人才的社会地位,有助于国际化人才"走出去"与"引进来"。

第三,国家人力资源和社会保障部肩负着制定职业资格政策、推动职业资格立法的职责。这一职责是由其在职业资格评价系统中所处的中心位置所决定的,也是"国家治理体系与治理能力现代化""全面依法治国"赋予其的历史使命。与其他主体在微观视角下参与职业资格制度不同,国家人力资源和社会保障部站在国家的宏观层面,掌握着各类职业资格的运行情况,是信息的枢纽,也是统筹协调的权力交点,具有能力上、信息上和职权上的绝对优势。与职业资格相关的政策、制度、法律使职业资格运行有法可依、有据可循,对各类职业资格的具体实施具有宏观指导意义。

第四,国家人力资源和社会保障部作为职业资格制度的主管部门,对职业管理具有统筹协调的功能,作为主管部门需要定期进行信息收集和发布工作。在职业资格评价体制机制改革中,国家人力资源和社会保障部更是推出了职业资格清单制度以及撤销清单制度。前者是正面清单,代表职业资格的权威性。后者是负面清单制度,邀请公众一起参与,共同监督职业资格评价体制机制的改革进度与执行力度。国家人力资源和社会保障部是站在中央政府层面对职业进行的宏观管理,其信息发布具有高度的权威性。

第五,职业资格评价体制机制的改革目标在于政府从直接管理转变为监督管理,通过市场机制提升职业资格管理的总体效能。这就涉及政府职能转变,将原来由各个职能条线直接管理、统一部署的职业资格评价及行业人才管理的职能委托授权给行业协会或专业化组织来完成。其中涉及部分行业管理权力和职能的让渡,涉及资格审查、考试、打分、成绩公示、证书发放、人员注册、定期考核、动态监管与惩戒等一系列环节。哪类职业资格的管理权限需要下放? 哪些环节和权力可以下放? 需要把握哪些尺度和原则? 如何选择委托代理机构等? 这些都是国家人力资源和社会保障部需要牵头抓总、规范指导、着力解决的现实问题。

第六,与委托授权密切相关的一项职能是监管职能。为了避免“一管就死、一放就乱”,作为主管部门,也作为公权力的代表,人力资源和社会保障部需要对职业资格管理活动行使剩余监管权。对开展职业资格评价的主体资质进行规范与指导,必要时可对主体资格进行核查、整改或撤销。当与职业资格相关的专业技术人才出现违规、违法行为,但行业协会无法或无权处理时,由人力资源主管部门组织专家组进行专业裁定。地方人力资源和社会保障部无法有效处理或当事人对处理结果不服时,可以提请国家人力资源和社会保障部进一步裁决。

此外,人力资源和社会保障部门也会同其他相关职能部门,承担了部分职业资格考试的组织与实施职能。随着改革的深入,政府职能部门并非不能直接承担职业资格考试的职能,而是需要根据具体情况,识别哪类职业资格适合由行业协会来承担,哪类职业资格适合由政府相关职能部门来承接。而这一标准的制定,应由人力资源和社会保障部统一研究,出台相关政策,指导各类职业资格制度的具体实施。

2. 行业主管部门

行业主管部门是具体职业资格的直接管理机构,与人力资源和社会保障部门形成府际间协同治理的合作关系。一些比较成熟的职业资格是由行业主管部门独立负责的。例如,教师资格证的管理由教育部依据《中华人民共和国教师法》《教师资格条例》《〈教师资格条例〉实施办法》而承担。还有一些职业资格由行业主管部门与人力资源和社会保障部公同承担,行业主管部门因对行业发展规律的掌握而起到主要作用,人力资源和社会保障部因具有职业资格评价技术的专业性而起辅助作用。例如,建造师由住房城乡建设部与人力资源和社会保障部联合负责。还有一些职业资格以相关法律为依据,由几个主管部门联合发起、联合实施。例如,监理工程师、造价工程师是由住房城乡建设部、交通运输部、水利部、人力资源和社会保障部联合负责。另外,还有一些职业资格的评价由行业主管部门与行业协会联合实施,或由相关部门授权由行业协会直接组织实施。例如,资产评估师的评价由财政部、人力资源和社会保障部及中国资产评估协会联合组织实施,而拍卖师的评价依据《中华人民共和国拍卖法》由中国拍卖行业协会直接组织实施。行业主管部门在职业资格管理制度中发挥的主要作用包括:

制定行业发展与专业人才的发展规划。人才的发展离不开行业发展,行业发展与专业化人才的发展相辅相成。行业发展的机遇、制度、趋势均是影响行业中人才发展的关键因素。立足于国家发展对行业进行中长期规划是行业主管部门的分内职责。行业规划隐含着行业的发展方向,也是专业化人才队伍建设的依据,对人才队伍的规模、水平、未来发展目标均有一定的指导意义。行业发展规划为职业资格标准的动态发展提供依据,为以职业资格证书获取为标志的专业化人才队伍建设提供指南。

推动行业专项立法。在职业资格大规模清理后,《国家职业资格目录》中的职业资格均以相关法律为依据,很多以行业专项立法作为制度基础。这些专项立法是对行业发展的规范性立法,尤其是在涉及国家安全、社会公共安全、人民生命财产安全等关键领域,需要采取严格的管制措施。行业专项立法尤其为准入类职业资格的评价标准提供了安全上的底线和红线。随着技术的进步、职业的发展,行业的专项立法在保持相对稳定的同时,也需要根据具体情况进行相应调整,推动立法修订与完善的主体恰恰是各个行业的主管部门。

组织或参与职业资格评价标准设计。职业资格评价标准是职业资格评价体系中最关键的因素。由谁来组织设计,由谁来参与设计,直接决定了职业资格标准的科学性、公平性、安全性与实用性。尤其是安全性与实用性,前者事关国家安全、公共安全、人民生命财产安全,需要设置职业的底线,后者事关职业资格使用效率的问题,如果资格标准与雇主的使用标准存在偏差,就会造成"评非所用"的现实问题。行业主管部门作为负责行业专业化管理的行政部门,在组织、参与职业资格标准制定方面需要承担主要职责,可以牵头组建代表各方利益的专家团队,尤其在底线标准、红线标准方面具有一票否决权。

对专业技术人才进行直接或间接管理。人才管理是行业管理的重要组成部分,职业资格评价也是行业人才评价的重要环节。职业资格管理是一个长期过程,职业资格考试只是一个开端,对专业技术人才、技能人才的动态管理也是人才管理的核心环节。专业技术人才的职业许可、职业监管、职业福利等一系列的人才政策是行业主管部门需要负责牵头研究讨论的重要问题。此外,行业主管部门还可以通过行业协会的抓手,对专业化人才进行间接管理。

行业主管部门与人力资源和社会保障部门之间的协同关系涉及职业资格管理主导权配置的问题,由谁来主导、由谁来推动,既是一种技术安排,也是一种权力分配。从技术的角度,如果相对成熟的行业,职业资格评价标准较为清晰,由行业主管部门主导,或直接由行业主管部门独立管理较为适宜。如果是相对新兴的行业,职业发展正处于探索阶段,职业资格评价标准尚未形成共识,或者实践的发展过于迅速,标准的制定可能存在滞后性,需要不断地更新调整,此时可以由更为熟悉职业能力开发和技术评价的人力资源和社会保障部来推动相关工作,待该职业走上正轨,再逐渐切换为以行业主管部门为主、人力资源和社会保障部为辅的协同管理模式。

3. 央地分工

职业资格管理制度还涉及中央政府、各级地方政府的协调分工问题。国家人力资源和社会保障部、中央层面的行业主管部门主要负责在全国层面、在全局视野上对职业资格制度进行统筹布局与顶层设计,这种设计既是方向性的,也是现实性的。而到地方层面,职业资格管理职能更多地体现在响应中央的倡议、执行中央的决策、结合具体实践将职业资格管理工作诉诸实践的问题。但作为实践第一线,地方政府更加接近职业资格的现实需求,能够最先获取关于职业资格制度与实践需求之间现实矛盾的第一手资料。

4. 受政府直接管理的专业化机构

政府还直接管理一些专业化机构,通常以事业单位的形式存在。这些单位承担着具有公共属性的专业化事务,因此其运行的基本逻辑并非利润最大化(即市场逻辑),而是社会效能最大化(即公共管理逻辑)。这并非意味着事业单位不追求效率和效益,而是不以效率效益为第一目标,事业单位需要将社会效能最大化作为第一目标,确保职业发展的国家安全底线,确保公共资源的均等配置,在实现这些目标的基础上,努力释放组织的效率效能。为了确保安全性、底线性、公平性目标,事业单位的运行经费常由政府全部或部分拨付。

　　事业单位在职业资格制度中扮演着两种角色。第一种角色与企业相同,作为专业技术人才、技能人才的雇主,事业单位也是职业资格的重要使用者和受益者。职业资格证书作为人才专业技术技能的认证手段,可以帮助事业单位有效识别人才的专业化水平。与企业一样,事业单位同样对职业资格的评价标准非常关注,评价标准与工作实际需求之间的对应程度决定了雇主能够从中受益的程度。因此,在职业资格评价标准的制定过程中,需要有事业单位的代表充分参与,表达意见建议,以使标准更加贴近事业单位的使用需求。

　　事业单位中有一类负责人才评价的专业化机构,其扮演的角色是受政府相关部门委托,以其在人才评价领域的专业优势为基础,组织、开发、研讨职业评价技术。其职能主要包括:一是组织职能,尤其是在职业资格标准制定方面,这类机构对标准开发流程更为专业,可以作为组织方,集合人力资源和社会保障系统、行业主管部门、行业领军企业、行业中小企业、事业单位、工会等利益相关方,共同参与职业资格标准开发过程,遵照一定的决策程序,形成具有公信力的职业资格标准。二是等价衡量职能,尤其是国家层面的人才专业化机构,可凭借其专业化优势和信息中心优势,对各类不同的职业资格进行等价衡量,对职业资格体系与学历教育体系进行等价衡量,对我国的职业资格与其他国家类似的职业资格进行等量对接,以帮助形成统一的国家教育培训体系。同时,在国家统一的资格等级规范体系基础上,持续对新兴职业在该体系中的相对位置进行衡量,实现国家教育培训体系的开放性与动态发展性。三是筛选淘汰职能。随着时代的发展、技术的进步,一些职业的外部环境发生了巨大变化,对该职业的现实需求随着新技术的应用而逐渐势衰,相关的职业资格证书评价活动也需要随之进行调整,甚至需要撤出职业资格评价制度清单。这一工作需要经过一系列科学论证以进行科学决策。专业化职业评价机构既具有相关理论与实践的专业性,又具有以政府公信力为基础的公正性,是筛选、论证、淘汰这类不适应时代发展的职业资格的重要决策咨询主体。

二、 企业

企业是人才需求的主体,也是市场经济的主体,代表了市场机制对资源的配置模式。企业在职业资格评价中能够承担的职能、所能够扮演的角色也根据企业的具体形式而有所差异。

1. 大企业、行业领先企业

大企业、行业领先企业意味着这些企业规模大、市场份额大、技术相对领先,是行业中相对既得利益群体,因拥有行业发展主导权而具有标准输出的相对优势,对关键领域的职业资格标准具有高度的话语权、影响力和号召力。出于追逐利润的动机,行业中的大企业、领先企业对人才技术技能的实际使用标准可能高于行业平均水平。因此,作为职业资格标准的主要参与方,需要充分发表其对职业资格评价的意见。国外一些国家(例如日本),行业中的大企业可以自己兴办职业资格评价项目,不仅使内部管理受益,企业外的专业化人员也会慕名而来、积极报名参加职业资格评价。这类职业资格逐渐获得全行业的普遍认可,从非正式的职业资格逐步过渡为受官方认可的职业资格。

2. 行业中追随型中小企业

追随型中小企业在行业中处于相对弱势的地位,在发展上受到人才、规模、技术等方面的制约。中小企业也是职业资格的重要使用方。但与大企业相比,因为市场规模不足,技术水平有限,中小企业在实践中用到的技能标准可能会低于行业平均水平,甚至可能因为管理不规范,在必须由具备特定职业资格证书人才承担的岗位上雇用不符合要求的工作人员。尽管同样是职业资格的使用方,但因行业话语权有限,对职业资格评价标准的影响力较弱。又由于数量众多,单个企业逐一发表意见建议的方式成本高昂,且标准背后常常隐含着企业间利益博弈,不同企业之间利益需要一定的协调机制。鉴于此,将众多中小企业联合起来,通过行业协会的渠道集中反映情况和问题,在行业层面形成兼顾各方利益的职业资格标准共建机制是较为合理可行的方案。

3. 行业中创新加速型中小企业

这类中小企业虽然处于创发阶段、规模较小,但因颠覆性创新的优势,对行业中的既有技术体系和利益格局是一种突破和冲击。也因此可能受到行业中大企业、既有秩序下的中小企业等固有力量的集体围剿。但从技术创新和行业发展的角度看,这类企业的创新行为是推动技术进步、产业升级、高质量发展的重要助推器,可能产生推动行业发展的"鲇鱼效应"①。这类企业倡导的职业资格评价标准可以完全不同于以往的技术技能框架,甚至可能消灭旧的岗位和职业,创造出新的岗位与职业。面对颠覆性创新的整体冲击,原有的行业协会可能转变为维护传统利益的保守力量,需要代表新发展理念的行业协会推动技术标准的社会化进程。但目前的行业协会相关规定中,一地区一行业只准许注册一家行业协会。建议在相关法律法规基础上进行突破调整,如果出现了突破性技术创新,允许注册新行业协会,与原行业协会平等协商对话,待到新技术与旧技术相互融合、行业技术常态化发展以后,再考虑将两家(甚至多家)行业协会整合改组成一家行业协会。

4. 营利性专业化机构

这种类型的企业通常是人力资源管理与人才评价的专业化机构,以其在人才评价领域的专业化技术为营利点。专业化营利机构是职业资格评价制度中可以利用的有效力量,因为这类企业的优势在于能够以更低的成本、更高的效率完成人才评价工作,以获得相应的利润回报。通过市场机制购买人才评

---

① 鲇鱼效应:原指鲶鱼在搅动小鱼生存环境的同时,也激活了小鱼的求生能力。后来延伸为一种管理手段或措施,刺激一些企业活跃起来投入市场中积极参与竞争,从而激活市场中的同行业企业。

价服务也是提高职业资格评价效率的有效途径。但同时,也存在一定的隐忧,即市场机制崇尚的利益机制与职业资格制度中公平公正机制的内核存在一定冲突。将职业资格评价职能授权转移给营利性专业化机构,可能会出现为了营利而评价,而不是为了人才使用才进行评价等手段与目的倒置的情况,导致出现很多实际使用价值低、评价费用高的职业资格,出现滥竽充数、乱收费等社会乱象。全流程外包并不是提升职业资格评价环节效率的最优方案,不仅需要在过程中加入必要的监管环节,而且需要对职业资格评价制度进行系统设计,选择恰当的环节进行流程优化或购买服务。政府行政管理部门和行业协会作为监督机构,监督相关环节的客观公平性。

三、 第三方非营利性组织

第三方非营利性组织也是职业资格制度的参与力量。这类机构不仅限于行业协会,还包括工会、雇主协会等代表员工或企业集体利益的第三方机构。这类机构能够起到表达利益诉求、利益协调等作用。

1. 行业协会

行业协会是能够承担职业资格制度的重要主体力量,承担由政府委托授权或由成员单位授权的行业管理职能。根据政府的宗旨和使命,以及政府、市场和社会的有机关系,政府职能包括两部分:一类是政府独享职能,这部分职能事关国家完整与安全等基础性、关键性问题,必须由政府直接承担。第二类是可与其他组织分享的职能,尤其在中观和微观层面,带有执行性、操作性、技术性的职能,可以通过委托和授权社会组织和企业组织等形式,实现更高的社会效率。行业协会是承担第二类政府职能的有效载体。作为专业技术的内行,行业协会可以改善职业资格评价过程中信息不对称的情况;作为客观的第三方,行业协会具有公平公正的地位优势。由行业协会来承担职业资格评价和管理职能既是职业资格评价的客观要求,实践中也有较为成功的范例。

2. 雇主协会

雇主协会的职能与行业协会有某些重合之处,都是代表行业中企业的利益诉求。但两者的出发点略有差异,雇主协会主要是与工会对等存在的群体性组织。从雇佣的角度出发,雇主协会着重表达雇主利益,关注雇佣中可能存在的技术标准方面的潜在风险;而行业协会主要是从技术标准的角度出发,协调关于行业技术发展的各方利益,形成主体一致认可的职业资格评价标准。

3. 工会

工会是劳动者一方组成的集体性组织,代表劳动者的利益。工会的参与是为了防止职业资格标准的制定仅考虑雇主的利益,却以损害劳动者的利益为代价。因此,在职业资格标准制定的过程中,需要有工会组织和员工代表的积极参与,从劳动者的角度权衡相应职业资格标准的可执行性。

第二节　职业资格协同治理中的分工策略

在多方参与的职业资格协同治理框架中,各类角色主体由于所处的位置不同,承担的职能也各有侧重。在这些差异化职能领域,一些角色主体承担的职能是其他主体无法替代的。对这类职能来说,不需要特殊分工,职能的边界已经非常清晰。但还存在一些领域和管理环节是两类或两类以上角色主体均可以承担的。换言之,不同主体之间还存在一部分交叉重叠的职能。尤其是在"放管服"改革中,政府刀刃向内、自我革命,将部分原来直接掌握的权力与职能逐步转移或授权给行业协会,或直接通过购买服务的方式寻求更大化的社会效率。从理论与实践两个角度科学界定职能边界与角色分工显得异常重要。

　　职业资格管理制度中的职能分工问题,归根结底是由谁来主导推动职业资格制度常态化运行的问题。政府职能管理部门、第三方非营利性组织(行业协会)、市场化力量(企业)具有不同的组织性质,代表了不同的利益倾向,在职业资格管理制度中对应了差异化的行为逻辑和管理模式。因此,应当与时俱进地看待职能分工的问题,在不同情况下采取最为适宜的分工方式。根据职业安全性和技能专属性程度,可以将职业资格的类别进行有效区分,从而确立职业资格设立的不同目的及其适合采用的不同管理方式。具体分工维度如图 7.1 所示:

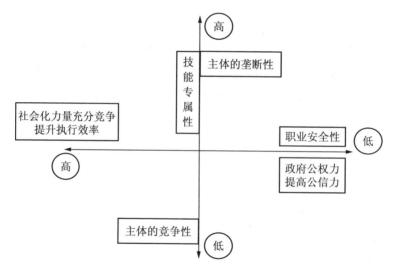

图 7.1　职业资格协同治理体系中的分工维度

一、 职业安全性越低,越需要公权力给予保障

　　安全性越低、危害性越大的职业,也越可能存在对国家、社会、人民生命财产安全的威胁,越应当发挥政府直接管理的强制性、法制性优势,对从业者的职业资格设置准入门槛,以确保社会安全的底线和红线。这类职业资格本质

上属于准入类职业资格,需要设置保障国家安全、社会安全、人民生命财产安全的最低标准,符合评价标准之后,政府公权力从法律上许可其有权利从事相关行业的工作。此时,尤其要发挥政府的强制力作用,切实发挥职业许可、职业惩戒、职业年检等管理职能,以提升职业资格制度保障国家安全的公信力,其基本逻辑是行政管理逻辑。

二、 职业安全性越高，越需要市场机制提升活力

针对危害性较小或不存在社会危害的职业,对职业资格的需求更多在于对人力资本保有量的水平鉴定,改善劳动力市场的信息不对称程度。其法律上的本质属于水平认证。这类职业资格充分体现了市场的逻辑,发挥市场化机制在资源配置上的关键作用,提升职业资格评价的服务质量、服务水平和工作效率,降低社会总成本和个体成本,实现职业资格体制机制的最大化效能。此时,政府可以简政放权,将职业资格评价职能交给市场逻辑来主导,自身更多地发挥监督、指导、立法等宏观管理职能。

三、 技能专属性越强，越适宜采用垄断性评价主体

技能专属性是指某类职业具有特定行业、特定领域的专属性限定,与特定行业的捆绑性较强,对其他行业的知识技能迁移性较弱。技能专属性越强,评价机构的垄断性会越高,需要评价机构同时具有权力公信力和技术公信力,更适合政府委托授权专业机构来承担职业资格评价职能。

具体来说,技能专属性越强,政府和市场的信息不对称程度也就越高,技术技能的提供方越占优势,政府对行业的监管难度越大。行业中的企业数量有限,且处于非完全竞争状态,某些规模较大的企业甚至可能形成垄断地位,政府对这类职业的监管存在技术性缺陷。此时,推动职业资格制度的最大动

力来源在于政府对行业的监管,越需要充分掌握专业优势的行业协会作为客观公正的第三方,发挥专业化优势,承担职业资格评价和监管职能。因此,这类行业协会通常为由政府正式授权的垄断性行业协会。

四、 技能通用性越强,越适宜采用竞争性评价主体

技能通用性是指在很多行业、很多领域都有设置的职业,准入门槛较低,或在一个领域使用到的基础知识,可以迁移到相关领域。根据技能通用性或专属性程度,亦可以区分职业资格的不同种类,从而匹配特定的管理模式。

职业的通用性越强(专属性越弱),应用范围就越广,这类职业在不同行业中的信息不对称程度相对较低。政府对这类职业的监管,可以通过主体竞争的方式,改善监管效率。此时,对职业资格的需求主要集中在劳动力市场上对不同劳动者专业技术水平的鉴别需求。职业资格评价的组织者和服务提供者的身份就不具有特别限定性,只要能够在行业内形成技术权威,就可以承担职业资格评价职能。此时,职业资格评价的主体可以是行业协会,也可以是行业中技术领先的企业。哪类主体提供的职业资格鉴定可信度更高,就更能够受到市场的青睐;哪类主体提供的职业资格鉴定更贴近用人主体需求,市场就更会"用脚投票"。

由企业来承担职业资格职能时,这类企业应当为行业中技术领先的企业,位于行业技术发展的最前沿,对行业的发展具有标杆意义。这类企业制定的职业资格评价标准会超越行业的一般标准或平均标准,代表了行业的先进性水平。如果这类企业愿意承担职业资格评价职能,其评价结果可供企业内部管理使用。如果还能够面向社会接受非员工申请的职业资格评价,其结果将有助于行业筛选优秀人才。

企业授权形成的行业协会更受到会员(企业)的拥护,能够有效代表会员的意见,其牵头论证的职业资格评价标准,能够更好地贴近用人单位实际使用

需求。此时的职业资格评价标准,是行业中大多数会员(企业)共同商讨达成的共识,代表了行业的普遍性标准,对行业中的大多数会员(企业)具有指导意义。

针对这类职业资格评价,评价标准可以有更多视角,评价主体也可以更加多元,通过引入适当的职业资格评价主体竞争机制,形成良性竞争,可以提升职业资格管理的服务质量、服务效率和公平公正水平。

第三节　职业资格协同治理中主体间协作模式

不同情况下,推动职业资格制度有效运行的主导力量也存在一定差异。上文已经对各类主体的分工原则进行阐述。结合职业安全性与技能专属性两个维度,可以区分出四种情形。本节将对四种情况中职业资格管理体制的主导机制进行讨论(见图7.2):

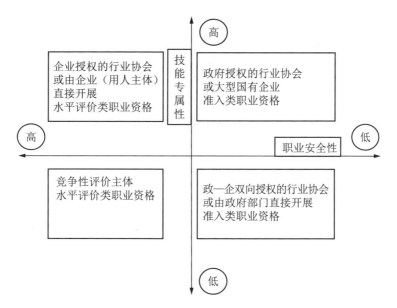

图 7.2　职业资格协同治理体系中的四类职业及其协作模式

一、 安全性低—专属性高的职业

有一类职业安全性较低，如果从业者的职业行为不规范，将导致严重的社会后果，甚至危及社会公共安全、国家安全、他人生命财产安全。这类职业需要严格的职业准入，对专业技术人才的从业行为进行严格的事前、事中、事后监管。需要发挥政府权威力量对职业资格制度的社会威慑力和社会公信力予以保障。

但同时，这类职业的技能专属性也很高，仅在个别行业中使用，属于小众领域，政府由于处于信息劣势地位，对这类职业的监管存在严重的信息不对称情况。相比之下，行业协会具有更加有利的专业技术能力和信息优势。但也可能受到协会会员覆盖面的限制，尤其是在自愿入会的情况下，会员受到一定利益机制的驱动才会选择加入协会，行业协会因为担心监管举措过于强硬，导致会员流失。与此同时，行业协会对非会员更加缺乏威慑力，相关监管既缺乏手段也缺少必要的资源。

综合以上特点与问题，需要发挥行业协会的专业与信息优势，在职业资格评价机制的各个环节与政府监管部门进行强嵌入，政府授权的行业协会更适合管理这类职业资格。首先，政府需要对行业协会进行正式的委托或授权，使行业协会获得监管的合法性与权威性。而这种授权存在一个前提条件，即所有相关职业的从业人员必须强制入会，确保行业协会对职业资格证书的持有人群与目标人群影响力全面覆盖。其本质是将职业准入资格的取得与行业协会的会员资格相绑定，以解决行业协会监管范围全覆盖的重大问题。

同时，大型国有企业也较为适宜开展此类职业资格评价。国有企业区别于民营和私营企业，肩负着政治使命，在很大程度代表了公共利益。作为用人主体，国有企业对于内部相关职业的技能信息、等级标准具有信息优势，尤其是专属性较高的职业或技能最具有发言权。安全性低，技能专属性强的职业，适宜由大型国有企业作为评价主体组织开展。

二、 安全性低—通用性高的职业

有一类职业社会安全性较低,违法、违规、非法执业的社会后果严重,需要对该职业进行严格的监管,并设置最低要求的执业准入门槛,需要政府的强制力与公信力对其进行规范和约束。政府有动力在监管这类职业资格上加大力度,发挥最大震慑力,以降低相关从业者在执业过程中可能出现的危害国家安全、公共安全、其他社会成员生命财产安全的潜在风险。

同时,这类职业的行业覆盖面较广,很多领域设置了类似的岗位。针对不同行业,职业本身的工作原理并没有发生本质变化,从业人员在不同行业之间的职业转换和迁移相对容易。这类职业应用范围广泛,职业资格评价结果的受益范围也更大,具有一定的公共属性,改善供求双方信息不对称情况,可以降低人才搜寻和鉴别成本。

综合来看,这类职业资格评价比较适宜由政府和企业双向授权的行业协会承担。这类行业协会同时具有来自政府的行政权威性和来自企业的专业技术权威性,能够兼顾到底线要求和绩效要求。政府授权行业协会的行业管理地位,确立行业协会的权威性,并对行业协会及其成员提出底线要求。同时,行业协会广泛征集会员单位的专业化意见,将之转化为适合行业发展的人才专业技术技能评价标准,促进行业整体发展。

同时,该类职业也较为适宜由政府相关职能部门直接主导,开展职业资格评价活动。原因有三:一是可以借助政府的公信力,有效保障职业资格准入的社会公信力;二是技能通用性强,意味着信息壁垒较低,降低了政府直接监管的难度;三是政府职能部门可以综合评判行业整体情况,设置保障国家安全和公共利益的底线标准。

三、 安全性高—专属性高的职业

职业安全性较高、社会危害性较小的职业,政府对该职业进行直接监管的必要性不强,可以借助市场机制提升职业资格评价的活力。同时,技能专属性较高,应用领域有限,属于小众领域,政府在监管过程中不具有专业优势,存在一定程度的信息不对称,提高了政府的监管难度。由政府相关部门直接进行职业资格评价既无必要,也无优势。

对该类职业进行资格评价的动力主要来自企业等使用方对人才技术技能水平鉴别的需求,以改善雇佣双方关于人力资源能力素质水平的信息不对称情况。来自会员企业的授权成为推动职业资格评价体系构建的主要动力。这类评价的本质是对人才技术技能水平的区分,因此属于水平评价类职业资格,是一种人才技术技能水平的权威认证行为,不具有法律层面的强制意义。不通过该认证,从业人员也可以从事相关的职业,但通过该认证的从业人员可以对外彰显自己具备相应的专业技术水平。

针对这种情况,较为适合由企业授权的行业协会来承担。行业协会的主要权力来源在于企业对人才评价技术的需求,其公信力的来源是对人才能力素质鉴别的准确程度和与企业工作实际的吻合度,越符合企业需求,该职业资格的认可度越高,行业协会的声誉度越好。

同时,这类职业也可以由具备资质的用人主体(例如,企业、高校、科研院所等)自行开展职业资格评价活动。一方面职业安全性高,意味着职业对社会的危害风险较小,不必进行强监管。另一方面,技能专属性强,意味着用人主体对人才的技能存在特定的、有别于市场普遍意义的特殊要求,由用人主体直接进行职业资格评价,尤其是技能等级评价,可以有效满足用人单位对人才的特殊要求,防止社会化评价、第三方评价可能导致"评非所用"问题的产生。

四、 安全性高—通用性高的职业

第四类职业,职业安全性较高、社会危害性较低、技能通用性较高、技能专属性较低。由于职业安全性较高、社会危害性较低,政府更适宜采取宏观监管、间接监管的模式,减少对该行业的干扰,以充分释放市场的活力与效率。技能通用性较高,说明该职业属于充分竞争型职业,效率源自竞争。此时,推动职业资格评价的主要动力来自企业(资格使用方)对人才鉴别和筛选的需求。这类职业资格属于水平评价类职业资格,以区分人才不同的能力层次和等级水平,其本质属于权威认证,不具有法律上的强制意义。人才即使不具有相关的职业资格,也可以从事该领域的工作,具有该职业资格则说明自身能力水平在行业中处于较高的位置。

此时,更适宜采取竞争性的评价主体设置。一种方式是可以放开行业协会的竞争性。法律规定,同一区域、同一行业仅允许注册一家行业协会,具有一定的垄断色彩。如果能放开行业协会的竞争性,不同行业协会之间必须借助自身为会员提供的优质服务来提升自身吸引力,以市场效率"用脚投票",企业会员可以自由决定选择其中一家行业协会提供的职业资格评价服务。

另一种方式是可以放开评价主体的竞争性。不仅行业协会可以组织职业资格评价活动,各类用人主体(包括企业、事业单位等,尤其是行业龙头企业或技术领先型企业)也可以开展职业资格评价活动,从不同视角设置的评价标准各有侧重,可以满足不同主体对职业资格的差异化期待和个性化需求。以此,市场机制会"用脚投票",那些更贴近市场需求的职业资格将获得更大的青睐。

此时,政府需要做的是在竞争规则和市场公平度上进行配套的法制监管和保障。从监管方式来看,政府可以将原来对职业资格评价活动的事前、事中、事后监管转变为对职业资格评价主体资质的监管,对符合条件的评价主体进行主体资格准入,间接认可其职业资格的评价结果。同时,可通过同行竞争、年度报告、公众监督、行业举报等方式,实现对该职业资格评价质量的监管,通过评价主体及职业资格的"白名单"和"黑名单",将相关信息向社会发布与公示。

第八章

行业协会承担职业资格
评价职能需解决的关键问题

以行业协会的中介机制来弥补职业资格评价机制运行过程中市场失灵和政府失灵问题,是我国治理体系与治理能力现代化的创新性尝试和可行性路径。本章重点关注行业协会的结构性功能,探讨行业协会在承担职业资格职能时的作用担当与职能突破。

第一节 行业协会运行的基本框架

徐家良认为,对行业协会的职能挖掘需要明确以下几个方面的问题:行业协会的权力来源问题、行业协会的职能角色问题、行业协会内部治理问题和行业协会的外部关系问题。①这一思维框架对行业协会如何承担职业资格职能同样具有借鉴意义。本节先从这些基本问题入手,对行业协会的运行机制进行简要介绍。

一、 行业协会的权力来源与约束

满足哪方需求,决定了行业协会更多地代表了哪方利益,这既是行业协

---

① 徐家良:《互益性组织:中国行业协会研究》,北京师范大学出版社 2010 年版。

会权力来源的基础,也是行业协会治理模式与治理机制形成的合法性基础。合法性概念的实质是由于被判断或被相信符合某种规则而被承认或被接受。一些社会现象由于得到承认而被赋予合法性,以这种承认为指标来分析社团的合法性时,可以把表达承认的主体界定为政府部门、社会团体以及社会上一些代表人物。国家和政府部门的承认是与同意、授权行业协会开展活动联系在一起的,社会团体的承认是与合作、提供资源联系在一起的,个人的承认则是与个人的参与联系在一起的。①行业协会作为一种公共活动的组织者,这三种主体赋予的合法性是它开展活动的基础。因此探讨行业协会权力的来源和边界,也是研究其生成机制和职能角色不可或缺的重要内容。

社会合法性。社会合法性产生的基础可以是传统,可以是共同的利益,可以是有共识的规则。只要某一个行业或职业的从业者在竞争中存在着共同的利益,对调整其自身行为的规则能够达成共识,并且相信合作行动能够带来自身的发展和经济效益,那么由他们自愿建立的行业组织就具备了最基本的合法性,这个组织也就具备了最本质的生命力和最强烈的发展动力。②

行政合法性。要使得行业协会组织在更大范围的社会博弈中不致陷入新的囚徒困境,以及使得它在与其他公共治理机制竞争中保持优势,以防止组织的内部瓦解,就必须使其取得与其他社会规则相兼容的行政合法性。虽然成员的认可是行业协会运行的基础,但还必须得到政府部门的承认及制约,这使得行业协会的权力既具备足够的权威,而又不致被滥用。③

法律合法性。法律合法性实际上是对社会合法性和行政合法性的追认与界定。政府会以法律的形式将行业协会的性质、功能、运行方式、议事程序、组

---

① 余晖:《行业协会组织的制度动力学原理》,《经济管理》2001 年第 4 期。
② 余晖:《行业协会的权力来源及其约束》,《中国经济时报》2001 年 2 月 23 日。
③ 余晖:《行业协会及其在中国转型期的发展》,《制度经济学研究》2003 年第 1 期。

织机制、违法行为的判定和处罚等基本准则进行制定性规范。①有时政府还会通过专门法律(单行法)的形式将原先属于自己的权力授权给行业协会组织,法律授权使行业协会的活动具有更完备的合法性来源。

鲁篱根据行业协会成立的权力来源,将我国行业协会分为授权型行业协会和自发型行业协会。授权型行业协会是指由国家机关转制而来或主要由国家机关发起设立的,并主要承担行政部门委托事项的行业协会。自发型行业协会则主要是指由民间自发产生的,通过成员权利的赋予而享有自治权的行业协会。②余晖等结合我国实践发展的具体情况,认为行业协会的权力来源主要有四类,体制内途径生成(政府赋权)、体制外途径生成(企业赋权)、体制内外结合型(政府—企业双向赋权)、法律授权型。

1. 政府赋权

政府赋权模式是由政府行业主管部门自上而下培育的行业协会。在中国实践中,这类行业协会的主要使命源于两种需求:第一,满足从计划经济下的部门管理转向市场经济下全行业管理的需要,由原来的部门转型为行业协会。第二,满足政府机构改革和职能转变的需要,通过对行业协会的授权,转移政府的部分中微观管理职能,以协调各种利益主体,重建行业内部以及政府与企业间的信息交流系统。③这类行业协会通过政府授让权力,取得行政合法性在先,然后在运作过程中逐步扩大其社会合法性。这类权力来源的行业协会通常具有以下特点:(1)政府为其提供较丰富的经费及权力资源。政府授权行业协会之后,行业协会拥有相应的行业管理权,可以对包括会员企业在内的行业内所有企业加以规范和管理,行业协会拥有相应的资源,如编制、经费、办公场所等,政府的财政支持为行业协会开展活动提供较好的经济保障。(2)侧重于

① 余晖等:《行业协会及其在中国的发展:理论与案例》,经济管理出版社 2002 年版。
② 鲁篱:《行业协会经济自治权研究》,法律出版社 2003 年版。
③ 余晖:《行业协会及其在中国转型期的发展》,《制度经济学研究》2003 年第 1 期。

为政府提供服务。这类行业协会有的是由政府决定组建,有的直接从政府机构中分离出来,与政府或政府相关部门保持着较密切的联系,决定了这类行业协会有更多的义务为政府直接提供服务,协助政府来对行业的发展进行协调和管理,扮演着政府的助手和政府与企业间桥梁的角色。(3)以政府授权为依据行使强管制权。行业协会凭借政府委托或授予的职权对会员企业和非会员企业行使管制性权力。(4)服务、代表与维护职能相对较弱。会员或非会员企业并非出于自愿加入这类行业协会,行业协会没有实质性的从会员企业中得到相应的赋权,会员企业又缺少"用脚投票"的选择机制,行业协会在为企业履行相应的服务、代表与维护职能上缺少内在动力。

2. 企业赋权

企业赋权模式。这类行业协会的目的主要为了克服行业内的无序竞争状态,是行业内企业自发自愿组建,并根据《社会团体登记管理条例》取得社团法人资格的民办协会。这类行业协会通常具有较强的区域性。这类行业协会通常具有以下几个特点:(1)权力与资源更多地来自会员。这类行业协会是为了满足企业的利益和行业利益而自愿结合形成的行业协会,通过组织的力量维护合法权益解决矛盾和冲突。因此,权力的来源和资源的来源均来自成员单位,依靠会员的会费保障日常运作。(2)侧重于满足会员利益。由于接受会员单位的权力赋予,在这种情况下所产生的行业协会一般更侧重于满足会员企业的需求,维护会员企业的利益。(3)具有较高的行业或区域代表性。这类行业协会在会员企业中具有相应的代表性,如果会员覆盖面较广,则能够较高地反映某一地区或某一行业的整体状况,产生一定的凝聚力,拥有较高的权威性,其政策措施往往会得到会员企业的支持。(4)具有较好的环境适应性。这类行业协会脱胎于市场经济,会员企业的"用脚投票"促使协会更能够适应环境的发展,服务意识更强。

3. 双向授权

双向授权模式。这类行业协会既是在政府的直接倡导和大力培育下产生的,相关经济主体又是自愿加入的,具备了最完美的结构。因此这类行业协会在实际运作过程中与政府和成员企业之间的协调配合最为顺畅。这类行业协会具备以下几个特点:(1)满足双向要求,行业协会是在满足政府需要和企业需求双向推动的情况下产生的,会得到政府和企业的双重支持,同时为政府和企业提供相应的服务。(2)资源多元化,行业协会既能获得政府的信任和支持,又得到会员企业的认可,就能根据具体的情况有效协调,有效调动政府资源和会员企业资源,使资源配置效率最大化。(3)强化职能。以满足政府需要和企业需求为基础,行业协会更好地履行对政府服务、对企业服务的职能,强调行业协会的代表与维护职能、行业管理强制职能、行业管理自主职能,较好地维护会员企业的经济利益和行业利益,同时强力支持政府行业管理,与政府保持良好的合作关系。

4. 法律授权

法律授权模式。通过立法途径产生或事后确认的行业协会。这类行业协会通常以专门的法律为基础,具有法律授予的行业管理权限,具有代表性的有注册会计师协会、律师协会、各类体育运动协会、证券协会。这类协会实际上是先获得政府主管部门同意,然后再通过立法和社团登记,取得合法性。这类行业协会的特点包括:(1)权力法定性,这是与其他形式的行业协会的本质区别,直接以法律的形式规定了其权力的范围和边界,形成其权力合法性的直接来源与依据。(2)会员全覆盖,专门的法律通常规定了所有会员必须强制加入这类行业协会,使其具备广泛的会员覆盖面。(3)满足双向需求,由于具有足够的会员覆盖率,在会员中具有很高的代表性,也由于获得法律授权,得到政府的支持,因此这类行业协会同时具备政府和会员双向赋权,需要同时满足政府和会员的双向需求。

二、 行业协会的职能与权力

行业协会拥有的职能可以分为两部分：一是单个企业无法承担，只有通过行业协会才能履行的职能，这部分职能与政府和其他社会组织没有直接的关系，只能属于行业协会，由行业协会代表企业和行业行使企业赋予的职能。二是原来属于政府履行的公共事务职能，考虑到政府的精力和时间难以胜任全部包揽，将部分公共事务管理职能授权或委托给行业协会等社会组织，这样行业协会与政府之间就存在相互交叉共同履行的职能，这些职能由行业协会行使或参与行使。行业协会职能也形成了来自内部固有职能与外部授权或委托职能两大体系，形成企业授权与政府授权双重赋权的途径。在中国经济体制转型期，企业赋权和政府赋权是行业协会存在和发展的基础，也是中国行业协会的基本特征。只有在此前提下才能配置行业协会的职能，强化行业协会的能力建设，赋予行业协会应有的地位，使行业协会真正成为政府—市场关系中的独立主体，构建政府—社会—市场有机和谐的统一体。

1. 委托或授权职能

在行业管理中，行业发展规划、行业标准、行业发展政策、许可证、产地证、统计咨询、产业损害调查、年检、质量检验与监督等属于政府调控并间接管理的职能，这些职能可根据具体情况通过法律授权或政府委托的形式交付给行业协会。行业协会获得这些授权或委托职能后，协助政府对本行业和协会成员进行管理，实现公共管理的目的，维护公共秩序。考虑到法律授权或政府委托职能是行业管理职能的一部分，一旦行业协会承接这些职能后，它的管理方式会出现一些变化，原有的工作对象主要是参加协会的会员，现在除了协会会员企业外，还需要包括属于这一行业但没有参加行业协会的企业。

2. 行业协会固有职能

从行业协会的性质看,行业协会是各个经济主体的联合会,它为会员企业提供各种服务。在接受服务的过程中,会员企业考虑比较多的因素是自身利益的获得程度,有必要将权益的获得程度作为一个标准,细分为代表职能、维护职能与服务职能。其中代表职能体现权益的整体性与权益争取的未来趋势。维护职能表现为权益保护的既得性与不可失去性。服务职能则强调权益潜在性与可选择取舍性。①行业协会的监督权主要是指行业协会监督和管理成员企业的权利。主要包含以下几种:

许可审批权。在职业性协会中,如律师协会,会计师协会等,许可权是一项非常重要的权力,而且往往是通过法规直接赋予的。在行业协会运作中,许可权却是由政府和行业协会共同掌握。各国的发展趋势是将大量的行政许可,审批项目逐步下放给行业协会来行使。在一些地区和行业,已开始呈现由行业协会来承担或协助许可证的发放。行业协会包括职业协会,之所以享有许可证发放权,其理论基础有:一是消费者与职业者之间信息与技能的不对称,由于消费者高度依赖职业者,这会导致消费者与职业者之间的另一种特征——代理关系,顾客必须相信职业者,双方之间应是一种高度信任和依赖关系,为达到目的,实行一定的许可证制度便是其自然的要求。第二个理论基础则是对第三人的保护和外部性的限制,如果没有特别的保护,公共利益是很难令人满意的,因此必须通过许可证来保障产品和服务的最低要求和基本水准。②

认证权。认证权是指行业协会对本行业产品的质量规格、产地等方面进行认证和鉴别的权力。行业协会享有认证权,有利于保障消费者福利和社会公共利益,一般不具有反竞争的效果。但如果一个行业的认证权专属于某一行业协会,那么最有可能侵损同行业的但不作为该协会成员的不结社权。解

---

① 徐家良:《双重赋权:中国行业协会的基本特征》,《天津行政学院学报》2003 年第 1 期。
② 鲁篱:《行业协会经济自治权研究》,法律出版社 2003 年版。

决的办法应是打破行业协会的垄断权,建立竞争性的平等的多元行业协会格局。

日常管理权。行业协会对协会成员具有日常的经营管理权能。例如进行有关商业的统计调查和研究,进行有关商业的计划调节和奖励工作,进行有关商业的指导宣传和斡旋工作,进行有关商业的技术技能普及和鉴定工作,协助和调整大中小企业之间的关系,确定经济逻辑和提高商业道德,举办旨在振兴工商业的博览会、展览会和展示会等。

标准制定权和实施权。布拉德利(Bradley)认为,从社会的角度观察,行业协会的一个基本职能便是制定标准,在美国标准主要是由私人性质的行业团体制定的。因为行业协会具有专业化背景和信息优势,确立标准有助于保障产品质量,并为消费者客观评价产品和服务性能建立了客观依据。

惩罚权。行业协会制定相应的规章来指导协会成员的集体行动,必须建立相应的惩罚机制做补充,有助于克服集体行动障碍,形成有效的集体行动。行业协会的惩罚机制包括两部分内容:一是正式的法律惩罚机制,例如建议政府部门给予警告,严重警告,吊销生产、经营许可,直至法律起诉。二是非法律惩罚,如批评教育、内部通报、行业曝光、开除会籍等。①行业协会之所以采用大量的非法律惩罚来处理和惩治违规者,原因大致出于以下几个方面:第一,行业协会是一种关系网络,在关系网络中,非法律惩罚比法律惩罚更为有效,成员行为总体上是倾向于合作而非背叛,容易形成重复博弈之局,倾向于考虑长远利益而非短期好处,互惠交换的规范亦必须在稳定和重复不断的交往中形成。成员表现出诚信行为将有助于人们选择合作伙伴,继而促进合作。提供一种集体记忆,将以往一些缔造公共产品的成功经验积累传递下来,有助于改进集体行动的策略。行业协会内部建立非法律惩罚机制,有助于视其情况而采取多样化的惩罚手段,具有较强的灵活性,并且由于惩罚主要在行会内部进

---

① 鲁篱:《论非法律惩罚——以行业协会为中心展开的研究》,《河北大学学报(哲学社会科学版)》2004 年第 5 期。

行,除非特别严重,否则不会公之于众,这样也可以使协会成员在社会公共中的名誉不致受损,从而减少行业协会成员因违规受惩罚产生的离心力。第二,行业协会非法律惩罚更具专业性和针对性,行业协会易于建立有效的收集信息和解决争执的机制,往往比法官和陪审团更加具有专业性。第三,行业协会构建有效的非法律惩罚机制,更有助于行业协会实行自治。①

三、 行业协会的自治

自治是行业协会最本质的特征、最基础的结构性条件和最内在的固有职能(鲁篱,2003)。根据乌尔里克·谢德(Ulrike Schaede)在《合作资本主义》(cooperative capitalism)中的表述,行业协会自治是指这样一个过程:由一个行业许多领导性企业所构成的行业协会,制定(设计)该行业规则并且通过自我设计的惩罚规则来强制实施这些规则。这一概念表明,行业协会自治涵盖了规章制定权、强制实施权、惩罚权。

马戈·普里斯特(Priest)将经济系统中的自治模式共分为5类:行业准则式自治(Codes of conduct)、法规式自治(Statutory self-regulation)、公司式自治(Firm-defined self-regulation)、监管式自治(Supervised self-regulation)、管制式自我经营(Regulation self-management)。其一,行业准则式自治,是一种建立在行业准则基础上的自我管理体制,通常都是自愿的。在马戈·普里斯特看来,行业协会内部准则建构的目的是避免潜在的政府干扰,其模式建立的基础在于行业协会成员的协议,其强制执行协会准则的权力来源于该行业。在行业准则自治的模式下,对破坏准则的行为,协会成员往往通过协议规定了惩罚以及其他一些争端解决机制。其二,法规式自治,主要指政府通过对自治组织较高程度的授权来使自治组织承担和执行监管功能,通常由法规来设计和构建。

---

① 鲁篱:《行业协会经济自治权研究》,法律出版社2003年版。

在极端情形下,可以行使一整套监督权力,包括制定规则、监管、强制执行和惩罚。与其他监管模式不同,该自治并不受政府机构的持续性监管。法规式自治对强制执行和惩罚负责,政府的控制主要体现在法规中规定自治组织的授权方向,同时也经常体现于对自治组织规则和自治规章的赞成和批准上。法规式自治的重要标志是自治组织在调整其个人成员方面具有相当程度的自治权。其主要出现在职业领域,如律师、会计师等。其三,公司式自治,是指受管制的私人团体承担诸如设计规则、实施规则,甚至施加惩罚一类的管制责任。在该模式中,政府通过法令要求这种管制发生,在一些情况下,也许会通过法令允许,但不要求采用更多的传统管制机制来作为替代物。与法规式自治或监管式自治不同,公司式自治并不需要一个独立的自治组织来扮演监管者角色。在该模式下,管制结构建立在两个因素上,一是私人书面规则的公共强制,二是对私人强制执行这些规则的公共管制和公共监管。因此公司式自治是一种强制执行的管制,因为政府要求公司实行自治,并且也因为这些规则能被公司强制。其四,监管式自治,同样包含政府对自治组织的授权,该自治组织由行业成员组成,而成员通常又是被强制性地参与被管制活动。然而,与法规式自治不同,在该模式下自治组织受到特定政府机构持续性的审查,经常是准司法机构。监管式自治最经典的领域是证券市场。在该模式下,自治组织和政府监管机构都要制定规则,但自治组织的成员——企业通常仅要求维持足够的公司层面的制度服从,但不对规则制定负责。在监管式自治下,监管机构享有更多的监管权力,包括对特定决定的批准、审查、申诉、报告,以及对有法律约束力规则的实施,政府监管机构在处理强制执行和惩罚方面,更多地扮演一个申诉的角色。由于政府监管机构权力的扩大,在监管式自治模式下,自治组织因此比法规式自治模式下享有的地位和权利更小。其五,管制式自我经营。在这种模式下,规则制定是政府的责任,同时政府仍享有剩余的强制执行和惩罚权力。通过规则的申请和对法律遵守行为的监管而进行的监管实施是由行业自我经营的组织来进行的,该组织是非营利性组织,是履行自我管理责任的,政府和自我管理组织之间的协议是合同(由法规赋予其权威性),但是该组织没有与法规式自治和监管式自治下的自治组织同样范围的责任和权力。①

乌尔里克·谢德认为行业协会自治形态可以分为两类:行政性自治(Administrative self-regulation)与保护性自治(Protective self-regulation)。行政性自治的目的是建立行业的规则,其最初动力在于便利或提升行业中的交易,例如设置标准或最低质量要求进行质量检查,规制广告规则和行业伦理标准控制,多边贸易信用金融和提供多边管理,支持这些行动可以提高该行业产品的名声和改善经济行为,其中一些行为则被认为是反竞争的,但在多数国家这些行动被视为合法。保护性自治的目的在于通过创设交易的保护界域并为行业竞争寻求避风港,其行动种类主要有价格协议、进入壁垒、排他贸易联合,对非协会会员的抵制和拒绝。保护性协议的许多活动,在不同国家的法律阐述中是不一样的,如价格协议,几乎在所有国家都被认为是非法的。但在分配领域的限制并由此而对竞争产生的效应及其法律评判却因国家不同而具有很大的差异,例如,美国将保护性自治看作暗中勾结,但日本并未将保护性自治看作不正当竞争。

第二节　我国行业协会承担职业资格评价职能的瓶颈分析

2016年1月8日,人力资源社会保障部印发《行业组织有序承接专业技术人员水平评价类职业资格具体认定工作实施办法(试行)》的通知,对行业协会如何发挥优势有序承接专业技术人员水平评价类职业资格进行指导性规定,为行业协会承担职业资格职能奠定了制度合法性和实施依据。然而,这一制度的出台并没有收获预期的成效,行业协会承担职业资格职能的改革依然推

---

① Margot Priest. The privatization of regulation: five models of self-regulation.

进缓慢,没有大范围推广。这意味着,制约行业协会承担职业资格职能的体制机制障碍仍然没有获得根本性解决。其中既有行业协会自治机制的内在矛盾,也有中国行业协会阶段性发展的先天不足,还有制度设计内在机理的不完善。

一、 行业协会自治的内在矛盾

行业协会作为一种"特殊普遍利益"的代表,其运行机理具有一定的内在矛盾,决定了由行业协会来承担职业资格职能必然要克服这些先天的缺陷,确保职业资格职能的社会公正性。

1. 反竞争的本质

行业协会往往利用自治来进行反竞争的策略和行为,行业协会先天具有阻碍市场准入和价格垄断的倾向,长久以来将使本行业因缺乏竞争而导致市场无效,行业协会可能会将自治作为一种遮盖自身利益保护的门面,自治通过限制进入而被使用作为反竞争的设置。通过设置职业资格标准的门槛,限制行业内的技术技能竞争,从而导致行业技能水平发展的停滞不前。

2. 偏爱主义

行业协会往往是由该行业大企业主导,由此带来的后果则是行业协会(自治组织)追求的利益并不是该行业大多数成员的利益,而仅仅是少数大企业的利益。由于大企业把持行业协会的领导权,因而他们往往利用行业自治规则打击、排斥内部的异议者及新竞争者,最后的结果便是将行业协会改造成一个强权组织,与经济民主的要求相悖,也使行业协会的一些正功能难以得到实现。大企业将以高于市场平均标准的技术标准作为职业资格评价的标准,以此限制中小企业技术技能人才的发展水平,实现标准霸权的潜在目的。

3. 狭隘的管制利益

成功的自治应当关注比受管制行业直接利益更多的事务,基本目标应是保护公众利益,但是自治组织却倾向于考虑行业的利益,或者在自治组织占统治地位的企业的利益。行业协会及其核心成员可能变成一个新的利益集团,放弃公众价值而满足狭隘的内部利益和价值。在职业资格认定上,可能将职业资格作为谋求内部利益的一种手段和方式,而偏离了维护公共利益和市场秩序的初衷。

4. 过度管制

行业协会有可能引发自治者的过度管制。自治组织可能通过扩大其监管角色和功能来显示它的存在、成长、影响以及提高自身职业性,当然也有可能试图阻止日益增加的政府管制者的介入,当行业协会使用更多的付薪职业者而不是自愿成员来管理协会,便产生与政府管制类似的组织结构,由此可能产生官僚主义所有的问题:僵化的等级、扩展权力区域、将自治组织利益置于强制性命令中。专职工作者可能会将职业资格评价过程中的公共权力私有化,助长潜在的寻租行为。

5. 权力制约机制的减少

虽然行业协会自治可以为权力的制约提供进一步的保障,但是鉴于行业协会的自治性,它在行使一些强制性权力时,原本适用于公共权力的责任机制,如个人责任、司法审查以及政策制定的公开性和透明化等因素将可能因为自治组织的运作而有所降低。职业资格评价体制过程环节的公开性、透明性可能会有所降低。

6. 有碍于效率的提高

行业协会自治虽然是基于提高效率而产生的,但是其运作也有可能产生低效率,如强制性标准的颁布,禁止成员企业生产不同的产品,即使一个新产品可能更有利于工艺的改进和质量的增进,强制性标准的实施却阻却了成员企业开发新技术的积极性。在职业资格制度中,强制性评价标准的推行,可能会影响企业技术技能的自主权和抑制其技术创新的主动性,从而可能阻碍创新效率。

二、 我国行业协会发展的先天不足

与发达经济体的行业协会相比,我国的行业协会发育相对不全,法律环境不够宽松,官办协会民间化,政府权力转移还是政府权力补充,行业协会强制性权力的合法性来源,行业协会的权力腐败,官办与民办的互补,官办协会的民主自主性,行业协会服务成员和协助政府的关系等,这些问题伴随着行业协会的发展,也成为行业协会承担职业资格评价职能的限制。

1. 缺少规范性的法律

我国政府对行业协会的管理更多的是政策性管理,而不是以法律为依据的管理。美、英、德、日四国都有法律对本国的行业协会进行规范,而我国有关行业协会的规定,除《中华人民共和国公益事业捐赠法》《中华人民共和国企业所得税法》外,地位最高的是由国务院发布的《社会团体登记管理条例》,这个条例不是专门针对行业协会的,对行业协会的管理没有专门的法律规范。政府对行业协会的管理都分散在各个不同的政策中,用行政管理的方式管理行业协会,既缺少法律方面的权威性,又不具有稳定性,对行业协会可预期的管理体制和管理结果产生不利的影响。

尽管行业协会与联合会的社会团体、专业性社会团体、学术性社会团体都是社会团体,属于社会团体法人,但行业协会与其他类型的社会团体有着非常大的不同,具有更多的经济特性,尤其是在社会主义市场经济持续发展的情况下,行业规范、行业秩序、行业发展等问题日益引起人们的关注,它们的好坏直接关系到市场经济秩序的构建。当然各地也相继发布了一些行业协会的地方性法规、地方行政规章、地方政府规范性文件,但这些法律效力和层次偏低,无法有效全面规范行业协会的各方面情况,难以满足行业协会发展需求。

2. 行政化倾向的依附性管理,自治能力较弱

尽管德国和日本的行业协会有一部分与政府有密切关系,属于公法社团、工业会和特殊法人,但他们与美国、英国的行业协会一样都具有较强的自主管理能力,对行业协会事务实行自律和自治,制定行业标准,服务于会员企业。在中国大量的行业协会都是由政府主办或政府部门转化而来,与企业会员没有直接的利益关系和代表关系,再加上行业协会的经费、办公场所、人员都由政府部门提供或选派,因此这一类的行业协会对政府有较强的依赖感,没有自主管理的能力,仅仅是政府的助手。

我国不少行业协会都是在政府指导或直接安排下成立起来的,人事、财务、编制、经费、办公场所等方面与政府有着直接关系,不仅行业协会的法人和秘书长由政府官员担任,经费和办公场地由政府提供,而且行业协会的职能也由政府规定,成为政府安排人员和布置工作的下属部门。这类行业协会往往缺乏自主权,有的甚至缺少必要的行业协会代表大会制度、理事会制度、常务理事会制度,存在意见表达渠道不畅、利益代表不强等问题。有些行业协会还存在服务功能不全,缺少熟悉业务的专职管理人员,为会员提供更多的市场信息技术服务能力较弱,缺乏来自会员企业的支持。

3. 前置性双重管理

在日本、英国、德国等国家,政府与行业协会之间形成的是后置管理的关系,注重事中事后监管大过于事前审批。在这些国家,行业协会的注册相对容易,政府和行业协会按照法律的规定行使职权,如果行业协会触犯法律就会受

到法律的惩处,一切行为以法律规定为基准。在中国,国务院发布的《社会团体登记管理条例》关于行业协会的相关规定类似于一种前置性管理,事前审批重于事中事后监管。此时,行业协会面临着双重管理体制的限制,业务主管部门负责行业协会的筹备、成立和业务管理,登记管理部门(即民政部门)负责行业协会的成立、年检、处罚。行业协会的筹备和登记需要得到业务主管部门和登记管理部门(民政部门)的双重同意。行业协会批准成立后,如果业务主管部门或登记管理部门没能很好地履行《社会团体登记管理条例》所赋予的管理和监督职能,则对该行业协会的事中事后监管就可能被弱化。

4. 授权主体不明确,职能边界不清

一般而言,行业协会是在市场经济发展过程中逐渐产生的,是由经济组织组建起来的社会团体,它的主要职能是代表会员的意愿,确保会员的合法权益,维护市场和行业的经济秩序。尤其是美、英、德、日等国的行业协会,通常是企业单向授权的结果。在中国,从计划经济向市场经济转型时期,大多数的行业协会是在政府授权下产生的,根据政府的需要组织起来。这类行业协会,政府授权越多,行业协会越有活力;政府赋权越少,行业协会就缺乏生机。也有少部分行业协会是在企业授权下产生的,但这类行业协会往往缺乏与政府的有效沟通和直接联系。这些现实问题始终困扰着中国行业协会,导致很多行业协会职能定位不清晰不明确,妨碍了行业协会积极承担职业资格评价等职能。

5. 会员参与不足,代表性较弱

美英德日等国的行业协会一旦成立,就逐渐成为本行业的代表,各种类型的企业会积极加入协会,使行业协会有较多的参与者,具有较广泛的代表性,能够反映行业和会员企业的整体需求。而在中国,一些行业协会对会员企业缺乏吸引力,在本行业中也缺乏足够的威望,行业企业的参加者不多,造成行业协会在本行业中仅具有较窄的代表性,削弱了行业协会存在和发

展的基础。

三、 制度设计的机制缺陷

尽管人力资源和社会保障部印发了《行业组织有序承接专业技术人员水平评价类职业资格具体认定工作实施办法(试行)》(人社部发〔2016〕3号),但实际的政策效能并没有完全释放,其根源还在于制度设计的内在缺陷,没有理顺行业协会承接职业资格职能的内在动力机制。具体表现在:

1. 局限在政府官方认可的行业协会,没有充分调动民间力量参与

《实施办法》第三条指出,符合要求的行业组织必须是"经国务院社会团体登记管理机关批准,符合规定条件的全国性行业协会、学会和经中央机构编制管理部门批准登记的全国性人才评价机构"。①这意味着行业协会的范围受到了限制,能够承担职业资格职能的行业协会仅限于官方认可的行业协会,这些协会更多的是自上而下形成的行业协会,有体制内生成的行业协会,由政府授权或提供资源的行业协会。没有充分调动民间自发形成的行业协会主动承担职业资格评价职能的积极性。

2. 局限在全国性行业协会,没有理顺国家与地方之间的关系

《实施办法》规定,承接水平评价类职业资格职能的行业协会必须是全国性行业协会,"在所承接的职业资格相关领域具有明显的专业优势和组织优势,在业内具有全国性影响力"。②这意味着地方性行业协会被排除在制度之外。这样做的缺陷有两个方面:第一,忽略了地区发展的差异。由于经济发展

---

① 《行业组织有序承接专业技术人员水平评价类职业资格具体认定工作实施办法(试行)》(人社部发〔2016〕3号)。
② 同上。

水平的地区极差,我国不同地区的职业资格评价水平和人才的技术技能水平差异明显,排除地方行业协会的参与将制约区域差异问题的解决。第二,这种做法天然地认为全国性的行业协会对地方行业协会具有直接领导权。但事实并非如此,很多全国性的行业协会与地方协会仅存在比较薄弱的关系,地方协会并不受全国协会的直接领导,两者之间不存在直接的人员交流、信息交流和物质交流。因此在承担职业资格评价职能的过程中,全国性的行业协会未见得可以调动地方行业协会的力量,在组织协调方面缺少抓手和触角,不便于具体工作的开展。

3. 对行业协会承接职业资格职能的限制性条件过多

《实施办法》规定,承担职业资格职能的行业协会必须"内设机构中有专职负责本专业职业资格具体认定工作的部门和能够满足工作需要的专职工作人员,并拥有一支稳定的高素质专家队伍";必须"设有负责纪律监督的机构或监察人员";应"具备实施职业资格具体认定工作的分支机构(含代表机构),该机构应当具有开展相关工作的部门和专职工作人员。不具备分支机构或分支机构不具备实施能力的,应当签署协议委托其他全国性人才评价机构开展职业资格认定有关工作"。这些限制性条件意味着能够承担职业资格职能的行业协会必须是发展到一定规模、较为成熟的行业协会。这一条件并不是所有行业协会都能满足,尤其是新兴领域的行业协会将受到限制,无形中将大部分行业协会排除在外。

4. 监管有余、放权不足

《实施办法》的第四章详细规定了对行业协会的管理监督举措,对行业协会在水平评价类职业资格管理过程中的规则、流程、保密制度、信息公示制度、权力应用、结果报备等内容和环节加以严格的限制,还规定了违反工作纪律的惩处措施。这些规定和措施虽然能在一定程度上提高行业协会承担职业资格职能时的规范性,但也无形中为其设置了心理障碍,行业协会普遍担心在承担额外职能时不小心触碰法律的红线,而因此招惹麻烦。这套制度流程仍然残留着政府承担职业资格职能时的行政化风格,没有考虑到行业协会的组织特性与行事风格。

5. 未能有效把握行业协会的动力机制

《实施办法》第九条规定,有意向的行业组织需要向人力资源和社会保障部和国务院相关部门提出承接职业资格具体认定工作的申请。这意味着行业协会采取自愿原则,而非组织指定性委托。在没有新的动力机制的情况下,行业协会不会自发自愿增加新的任务职能,需要政府针对这一问题出台更多鼓励性措施,给予一定的资金或资源支撑,明确行业协会在职业资格制度中的主体地位,明确行业协会在职业资格制度中的权责范围,把握行业协会在其中的价值空间和做好职业资格评价任务的动力机制,从而引导行业协会主动参与、主动承担这部分职能。

6. 缺少成功经验的示范引领

由于担心承担额外的职能、接受过多的监管、承担不必要的风险和责任,行业协会通常没有动力主动申请承担职业资格职能。即使一些有担当的行业协会想要主动承担,因缺少成功经验的示范引领,仍然存在一定的思想误区。亟需成功案例,对正面典型进行宣传推广,为更多行业协会的加入营造社会氛围和心理优势。

第三节   行业协会承担职业资格职能的重点难点问题

行业协会承担职业资格评价管理职能必须厘清行业协会的动力机制,切实解决一些基础性问题,减少制约社会力量参与职业资格评价的体制机制障碍,从根本上促进职业资格体系的稳定发展。

一、 行业协会进行的职业资格评价的公信力问题

原来国家承认的水平评价类职业资格由政府相关部门直接承担,意味着政府以其公信力为该职业资格背书,在很多人才政策和制度中对这类职业资格证书给予认可,证书持有人可根据政策享受特别优待。由行业协会承接职业资格评价工作以后,发证方由原来的政府变成行业协会。行业协会不具有权威的官方资源,扩大职业资格的认可度。因此,社会上很多职业资格证书的潜在需求方担心由行业协会评价发放的证书社会效力不足。切实解决行业协会发放的职业资格证书的社会公信力问题是推动职业资格制度改革的必要条件。《行业组织有序承接专业技术人员水平评价类职业资格具体认定工作实施办法(试行)》第十三条规定,"由该行业组织颁发人力资源和社会保障部和国务院相关部门监制,该行业组织用印的职业资格证书。证书在全国范围内有效"。在一定程度上打消了使用方的顾虑。但对于那些新兴职业来说,在没有形成国家标准和官方认可的情况下,由行业协会来颁发证书的模式,其证书的社会公信力仍有待政府授权或认可,以形成社会影响力。

二、 职业资格评价标准的统一性与实用性问题

《行业组织有序承接专业技术人员水平评价类职业资格具体认定工作实施办法(试行)》第十二条规定,"行业组织成立职业资格认定工作专家委员会,研究拟定职业资格评价大纲和评价内容,统计分析职业资格认定的具体技术指标,提出确定合格标准的建议"。这一规定意味着,职业资格评价的具体标准由行业协会组建的专家委员会集体讨论确定。其中隐含着职业资格评价标准的统一性问题,如果是全国性的职业资格标准,就无法兼顾地区差异,难以

满足欠发达地区职业资格使用的实际需求。同时,仅由专家委员会研究拟定的职业资格标准可能偏重理论化,缺乏实践视角,偏离企业或用人单位的实际需求。换言之,行业协会在职业资格评价标准的制定上只能按照既定程序完成任务,却没有发挥出自身应有的专业优势与成员代表性。以行业协会的主体视角,综合协会会员中大企业、中小企业、个体会员、雇主协会、工会、政府等多方利益相关者的意见,在多方讨论的基础上制定出由行业协会主导的职业资格标准才能真正解决"评非所用"的尴尬境地。

三、 行业协会承担职业资格职能的动力机制

厘清行业协会承担职业资格职能的动力机制,才能真正解决行业协会承担该职能动力不足的根本性问题。当前的现状是,一方面采取自愿原则,有意愿的协会可以提出申请。但另一方面,没有明确能够为行业协会承接职业资格职能提供哪些资源和支持。《实施办法》中对行业协会承担职业资格评价职能的资质要求、过程环节和结果处置都作出严格的规定和限制,不合规将面临被追责的风险。导致行业协会没有足够动力承担职能范围以外的额外任务。

四、 行业协会的竞争性与垄断性的问题

全国性协会在行业中是唯一性的。但是,全国性行业协会在承担职业资格职能时存在一定的弊端。在实际运行的过程中,无论效率高低,质量好坏,都没有一种方式或渠道让利益相关者对其行为进行反馈。在此情况下,行业协会很容易出现机构臃肿、效率低下等问题,极易导致官僚主义作风,从而引发对协会工作机制的监管难题。如果行业协会是唯一的,就没有足够的动力进行改革创新,不断提升服务质量和服务效率。而且极易引发腐败行为。有必要适当引入竞争机制,可以是市场主体"用脚投票"的竞争性选择机制,也可

以是垄断性主体资格（承担职业资格职能）的竞争机制，为行业协会提高工作能力、工作水平提供最基础的动力来源。

五、　双向赋权的利益代表机制

行业协会已经逐渐与政府相关部门脱钩，成为独立法人。但很多行业协会生长于体制内，很多资源来源于政府机构，例如人员编制、办公场地、活动经费等。同时，行业协会是会员组成的自治组织，向会员收取会费，也是行业协会运行与发展的重要基础。由会员自发组建的行业协会，很多没有专门的机构、人员和办公场所，采取会员捐赠和人员兼职的形式，这类行业协会更多的是代表会员的利益。承担职业资格职能，需要在政府和企业（会员）双方的需求之间进行权衡，既要代表政府，实现职业资格评价公开、公平、公正的公共性价值需求。同时，也需要行业协会站在企业会员的实用性角度，贴近用人单位的需求，提升职业资格的现实应用价值。如果政府与会员之间双方的目标存在冲突，行业协会就可能陷入左右为难的境地。

六、　明确不同层级之间协调合作问题

每个全国层面的职业资格评价，都需要地方实体机构的积极配合。仅有全国性行业协会一个载体是不够的，地方协会等组织力量也需要调动起来，才能更加有效地将职业资格评价工作落实执行到位。现实中，即使是同一行业、同一领域的协会，全国性协会与地方性协会之间不存在直接的领导与被领导关系，在人员、信息、资源上没有组织隶属关系，甚至缺乏日常的沟通协调机制。如何协调全国层面与地方层面的有生力量，共同完成职业资格评价管理的使命，关系职业资格评价如何在地方有效开展的问题。

七、 职业资格类型与行业协会类型相匹配的问题

职业资格分为准入类职业资格和水平评价类职业资格,前者涉及安全领域的关键问题,以行政许可的形式进行严格的资格限制。后者属于水平类的能力资质认证,更多地体现了市场行为,为用人单位和企业服务。因此,前者更适合选择在体制内生成的行业协会,接受政府授权实行行业管理的公共职能。后者更适合选择在体制外生成的行业协会,代表协会成员增加职业资格在劳动就业领域的筛选公示功能,切实贴近企业的使用需求。

八、 新兴职业资格评价的发起问题

随着科技发展的更新与演进,新职业不断涌现,职业资格评价问题也随之而来。面临新兴领域、新兴行业、新生职业,谁来发起职业资格评价,要求制度设计提前预留入口。一些新职业由于刚刚兴起,发展迅速,比较成组织、成建制的行业协会尚未成型。尤其是,行业标准尚不完善,龙头企业在实际工作中的技术技能使用标准可能成为评价标准的早期雏形。需要在此基础上对职业资格评价进行完善和细化,从而推动更多的劳动者加入职业化的进程,以提升职业化从业人员的培养速度和培养质量。此时,由行业领军企业牵头,明确职业技能评价标准与评价等级,制定职业资格评价的相关制度显得尤为必要。可将领军企业主导进行的职业资格评价逐步转化为具有公共属性的职业资格,先获得市场认可,再逐渐获得官方认可。也可以由行业领军企业牵头组建行业协会,邀请行业中更多企业加入其中,通过协会联盟的形式,共同商讨职业资格评价的标准与评价的方式,成为全行业参照、全行业推广的评价标准。

第九章

完善我国职业资格评价体系的现实路径

第一节　职业资格评价框架的整体构建

一、构建职业资格评价体系的指导思想

我国职业资格评价体系改革是在党和国家的大政方针之下进行的改革，必须遵循党和国家的路线、方针、政策，坚持中国式现代化道路，以习近平新时代中国特色社会主义思想为指导，全面贯彻党的二十大和党的二十届三中全会精神，深入贯彻习近平总书记关于人才工作的重要论述，按照统筹推进"五位一体"总体布局和协调推进"四个全面"战略布局要求，围绕实施科技强国和人才强国战略、技能强国和创新驱动发展战略，构建支持全面创新体制机制。牢固树立科学人才观，遵循社会主义市场经济规律和人才成长规律，破除束缚人才发展和用人主体自主权的体制机制障碍，解放和增强人才活力，建立以创新能力、质量、实效、贡献为导向的人才评价体系，构建科学规范、主体多元、协同高效的职业资格治理格局。

我国职业资格评价体系改革是在党和国家的大政方针之下进行的改革，必须遵循党和国家的路线、方针、政策，坚持中国式现代化道路，以马克思列宁主义、毛泽东思想、中国特色社会主义理论体系、习近平新时代中国特色社会主义思想为指导，深入贯彻习近平总书记关于人才工作的重要论述，按照统筹推进"五位一体"总体布局和协调推进"四个全面"战略布局要求，围绕实施人

才强国战略和创新驱动发展战略,牢固树立科学人才观,遵循社会主义市场经济规律和人才成长规律,破除束缚人才发展和用人主体自主权的体制机制障碍,解放和增强人才活力,构建科学规范、主体多元、协同高效的职业资格评价体系。

　　我国职业资格评价体系的构建是深化"放、管、服"改革的具体实践,是不断推动政府职能转变、不断提升政府职业资格管理服务水平的重要举措,是我国治理能力与治理体系现代化的重要尝试,需要贯彻落实《国务院机构改革和职能转变方案》的指导思想与指导原则。同时,职业资格评价体系改革,是"党管人才"的关键载体,需要根据《关于深化人才发展体制机制改革的意见》《关于分类推进人才评价机制改革的指导意见》的指导精神,切实将人才发展体制机制改革落实在具体人才评价的工作中,对我国职业资格相关工作进行梳理总结与理念突破,形成我国职业资格多元主体协同治理的新格局。

二、 构建职业资格评价体系的基本原则

　　为解决当前我国在人才评价机制领域存在的分类评价不足、评价手段趋同、评价社会化程度不高、用人主体自主权落实不够等问题,职业资格评价工作应坚持以下原则:

1. 坚持公开透明,社会认可原则

　　公平是职业资格评价的核心要义,公平的实现以公开透明为重要方式。刘张君认为,作为市场治理机制的行业自律要发挥作用,必须包括三个基本条件:一有自律规则,二有信息平台,三有违规惩戒机制。这三个条件又是相辅相成的,信息平台是自律、惩戒的基础,自律规则是自律管理的前提和基础,也是实施自律、惩戒的根据。信息平台是建立完善信息机制的重要一环。职业资格评价应做到标准公开、程序公开、过程公开、结果公开,以接受政府监督、

行业监督、公众监督。通过公开透明的关键举措,不仅可以切实提升职业资格评价的公平公正水平,而且有助于提升职业资格与实践的链接程度,使实践需求得到快速反馈与响应,从而增强职业资格证书的公信力、社会认可度和现实使用效率。

2. 坚持主体多元,分层分类管理

根据职业资格领域的国际经验,多元主体协同参与的评价体系是开展职业资格评价工作的必然选择,尤其要充分调动社会化力量的广泛参与,建立多元主体协作机制。但不能"一刀切",针对不同类型的职业资格,需设计不同的管理体系和管理策略,实施分层分类管理。

准入类职业资格是在保障国家安全、公共安全、人民生命财产安全领域的职业资格,涉及行业管理(准)公共权力的使用。针对准入类职业资格,适宜委托体制内行业协会代为行使,实行严格的职业许可,实施由行业负责的注册制管理。

水平评价类职业资格,更多的是一种对申请人职业能力水平的认证与公示,需要体现评价主体在行业中的技术权威作用,这种权威并不直接来自政府公权力的委托,而更多地依赖于评价主体在行业中的技术影响力和号召力。在这种模式之下,自上而下形成的体制内行业协会在会员号召力方面并不具有先天优势,反而是那些由会员发起、自下而上自发性形成的行业协会更具有号召力。同时,除了行业协会以外,在行业内技术领先的大企业、龙头企业,也因技术引领而具有人才评价的权威性。对会员具有号召力的行业协会和龙头企业均可成为水平评价类的评价主体。

3. 突出市场导向,激发主体活力

由于职业资格评价的行业公共性特征,以往的职业资格评价工作多由政府主导,或委托自上而下形成的行业协会开展。这种模式的优点在于社会公

信力很强,但缺点也很明显,就是不利于效率效能的发挥,可能与人才成长成才的规律相违背,由于评价标准过于固定导致用人主体的自主权得不到保障。在职业资格评价机制改革中,要充分尊重人才发展规律和用人单位的人才使用规律,充分发挥市场在人才评价和资源配置中的决定性作用,设计更加科学高效的人才评价方式和评价体系。因此,建议适度引入竞争机制,例如,引入评价主体资格的竞争机制,将原来的垄断性主体资格,转变为竞争性的评价主体资格,最大限度激发和释放人才职业活力,使人才价值得到充分尊重和客观评价。

4. 坚守底线,依法依规原则

准入类职业资格应当守住安全标准的红线,而水平评价类职业资格应当守住公平公正的底线。红线与底线都应当以国家法律、法规和相关政策规定作为依据。尤其是准入类职业资格,涉及对特定职业的执业控制,属于行政许可的规定范畴,需要符合《中华人民共和国行政许可法》的具体规定。还有一些职业由专门的法律(单行法)进行规范,例如律师有《中华人民共和国律师法》、会计有《中华人民共和国会计法》。此外,行业协会也需要依据社团章程、编制管理部门批准的业务范围,开展有关职业资格评价的工作。各机构都应当以相关法律法规为指导,有序开展职业资格评价认定工作。

5. 坚持简政放权,服务保障原则

为了深化"放管服"改革的要求,不断推动政府职能转变、不断提升政府职业资格管理服务水平,职业资格评价制度的改革要在顶层设计上做文章。在体系设计上,将多元主体之间的权力相互制衡。在操作流程规范上,取消以往过于烦琐的审批环节,简化程序,精简流程,讲求实效,确保职业资格具体认定工作程序严密、运作规范、权责分明、制约有效。从监管思路上,政府部门加强监督指导和宏观管理,加强事中、事后监管和对评价主体的资格监管,为职业

资格评价主体提供必要的服务保障。

三、 构建职业资格协同治理体系的总体思路

职业资格评价体系的构建需要在多主体参与的基础上,明确各主体的职责和权利义务范围,引入适当的竞争机制和权力制衡机制,在确保公平效率的同时,做到权力有约束、过程有监管、结果有价值。

1. 协调分工

发挥政府相关部门的监管与服务保障作用。政府职能转变是职业资格评价机制改革的根本出发点和落脚点。政府从原来的主导角色中退出,将原来的全过程管理,转变为事中、事后监管,集中精力承担好顶层设计、宏观指导角色和外部监管角色。同时,在设计好其他参与者的角色定位之后,政府要承担服务保障职能,为其他参与者更好地承担职业资格评价任务提供必要的政策、资源和环境,帮助各类参与者切实解决评价过程中的体制机制难题。当然,根据相关法律的规定,政府部门也可以作为评价者,承担准入类职业资格考试评价职能,以公权力直接保障执业许可的权威性。

发挥行业协会的桥梁与纽带作用。行业协会在全行业的信息枢纽,对成员单位具有组织协调、利益代表、咨询服务的公共性职能。职业资格评价本质上是一种公共产品,其认证和公示作用具有正外部性特征,在全行业范围内均有使用效力。由行业协会来承担职业资格职能,可以有效发挥行业协会的组织中间性,在一定程度上体现客观第三方的公正视角,在行业范围内具有公信力。

发挥用人单位的技术先进性作用。用人单位是职业资格的使用方,对选择什么样的人才、需要人才具备什么样的能力和技能最有发言权。在当前的职业资格评价体系中,用人单位的话语权缺失,职业资格标准的设计很少兼顾

用人单位的使用需求。在改革过程中,应当进一步凸显用人单位在职业资格评价中的主体地位。那些技术领先、具有行业引领力的龙头企业,对人才评价的标准是全行业的前沿标准,在行业内具有引领性作用。落实龙头企业的职业资格评价权,对行业技术进步、人才创新性发展具有不可替代的重要价值。

无论是哪种类型的评价主体,都应当确保自身具有一定的评价能力和专业性,对评价主体自身条件进行规定。只有达到一定标准的评价主体才有资格开展职业资格评价活动。从前置性条件来说,评价主体需要具备一定的专业化能力,具体体现在是否具备精通评价技术的核心专业化人才,是否在会员企业或成员单位中具有足够的号召力和代表性,是否掌握该领域权威专家的动态数据等。从过程和结果角度来看,评价主体是否秉持客观公正专业的态度来开展职业资格评价工作。对徇私舞弊等违法违规行为,进行一票否决,直接取消评价主体资格。

2. 权力制约

职业资格体系的管理格局,应全面考虑各方权力的监管和各方利益的表达。政府相关部门在"放管服"的过程中,需要找到对职业资格各类主体的监管抓手,既不能监管过度,抑制各类主体的活力,也不能放任自流,引发市场失灵的悲剧。

从流程监管转变为评价主体资质监管。准入类职业资格的评价主体,如果是行业协会需要通过政府的授权,代为行使行业人才管理的公共职能,负责执业准入的行政许可审批。水平评价类职业资格的评价主体可以是行业协会,也可以是行业中的龙头企业,政府主管部门可以通过对这类评价机构主体资质的监管和评价结果的备案,跳过对中间过程机制的细节化监督,一方面可以节约政府的监管资源,另一方面也可以保障评价主体的自主性,为主体的评价自主性发挥留足空间。

采取考培分离的权力制衡机制。为了防止培训机构与评价机构之间形成利益循环和利益输送,评价主体原则上不能同时兼任培训主体,人才评价职能必须与人才培训职能相分离并形成制约。职业资格评价作为一种培训质量检验机制,培训质量应当由评价机构的评价结果作为有效衡量,由职业资格考试的通过率作为客观体现,以敦促培训机构切实有效地实现培训目标。

采用公共监督的反馈机制。培训机构的培训质量由评价机构进行检验,评价机构的证书含金量由市场机制和反馈机制进行检验。任何用人单位和个人可对各类职业资格证书进行意见反馈。对评价过程中存在舞弊行为、职业资格含金量不高、认证结果与劳动者实际职业能力严重不符等情形,可向人力资源和社会保障部门反映情况,人力资源和社会保障部门将会同相关业务主管部门对实际情况进行核查,一经查实,将吊销相关机构的评价主体资质,涉事个人将纳入个人征信名单。以此来约束职业资格评价主体的客观公正性,由市场来检验评价的公正性与实用性。

3. 公正性参照

改革之后的职业资格体制机制,其权威性来源是急需解决的关键性问题。可以借鉴英国国家职业资格体系的典型举措,建立全国资质等级规范体系。全国资质等级规范体系可以以一些成熟的行业或职业作为参照基准,在职业内部区分出若干等级层次,根据达到特定等级所需花费的社会必要劳动时间、社会价值度、市场紧缺度、市场平均薪酬等维度,设计形成社会公认的等级结构。

建议建立全国资质等级规范标尺体系,作为不同类别的职业资格价值性参照标尺,指导各类职业资格及相应等级与之对标,通过在体系中找到对应位置,在一定程度上显示特定职业资格证书的含金量。作为一把标尺,全国资格等级规范标尺体系不仅可以衡量出各类职业资格的相对社会价值,还可以将各类学历教育证书也囊括其中,评价出每类证书的相对位置,从而打通不同类别证书之间的可比性。这一举措还可以有效解决海外职业资格证书与中国本土证书之间的对应关系,从而为海外证书的国内互认提供认证依据。

第二节　实施职业资格分类评价的具体措施

在指导思想、基本原则和总体思路的指导下,我国职业资格评价体系构建还是要体现与时俱进的思想,根据职业资格评价的不同类型,设计出有针对性、可行性、效率性的具体实施方案。

一、 准入类职业资格的工作机制

准入类职业资格与国家安全、公共安全、公民人身财产安全密切相关,必须依照相关法律和行政法规,实行严格的执业准入。在职业资格评价的过程中,要设定保障安全的底线原则,设置必要的职业法律规范和职业道德规范,设置从业需要满足的前置性条件,把好入口关,做好过程监管和结果监管。

1. 评价主体的选择

准入类职业资格的评价主体,可以是政府管理部门,也可以是政府授权委托的行业协会,但无论是这两类主体中的哪一个,其核心都是公权力的运用和社会公共利益的彰显,都需要相关法律法规作为权力行使的依据。一些专门的领域由于行业特殊性、领域的特殊性,根据单行法的规定,职业资格评价职能仍然由相关业务主管部门自行组织开展。

但更多情况下,业务主管部门会以相关法律法规为依据,采取委托的方式,将职业资格职能转交给行业协会、学会、社会组织承担。目前来看,大部分的委托仍然采取定向委托的方式,选择固定的行业协会完成。这类行业协会通常是自上而下形成的体制内协会,与政府行业管理部门有着长期的互动合作关系,由该类行业协会承担职业资格职能,可以确保职能承担的相对稳定性。而且体制内发展起来的行业协会由于与政府的密切联系,在一定程度上获得了公权力的背书。如果这种背书能够以制度、规章、法律的形式加以固定,更有利于职业资格评价结果公信力的发挥。

但由固定的行业协会、学会或其他的中介组织长期承担职业资格评价职能,可能在客观上导致职业资格评价的垄断性,不利于激发评价主体的改进动力,长此以往容易造成效率低下,甚至有可能滋生权力寻租。如果能引入适当的竞争机制,可能会引进更多创新因子和改进动力,通过同类组织之间的竞争,改善垄断性权力行使可能存在的怠惰,从而更有利于职业资格评价活动的开展,提高效率。在未来的管理中,也可以考虑采取竞争性委托的方式,每三至五年为一个周期将职业资格评价职能的主体资质进行竞争性授权,从而最大程度地激发评价主体活力。

2. 评价标准的设计

职业资格评价标准的设计,是体现职业资格公正性、有效性、实用性的重要载体,应当综合各利益相关主体的广泛建议,以保障公共安全为基本前提,兼顾用人单位的实际使用需求,真正体现职业资格评价职能的社会公益性。准入类职业资格评价标准应由来源广泛的专家委员会共同研讨形成。专家委员会可以由国务院有关业务主管部门或其授权委托的行业协会组织负责组建,组织与该职业密切相关的大企业、中小企业、事业单位、工会、雇主组织、行业协会、政府主管部门等各利益相关方代表参与。专家委员会根据规范的程序和科学的方法,共同商议形成职业资格标准、考试大纲、培训教材,完成考试命题并确定合格标准。

3. 考试与发证

准入类职业资格属于国家层面的考试,每年由国家定期举行。考试实行全国统一大纲、统一命题、统一组织、统一时间。其考务工作由国务院有关业务主管部门或其授权委托的行业协会组织实施,并委托各地区业务主管部门或地区性行业协会具体执行职业资格考试的考务工作。考试成绩采取机器批改(客观题)、匿名批改、异地批改(主观题)的方式,确保评分环节的客观公正性。

根据专家委员会制定的合格标准,综合最终成绩分布,确定考试合格名单。对考试合格的申请人,由职业资格评价的组织(政府行政管理部门或受其委托的行业协会)发放国务院相关主管部门盖章认可的职业资格证书,以彰显其已有国家法律认可的法律效力,且证书在全国范围内有效。

4. 国家准入类职业资格目录清单制度

由于准入类职业资格在本质上属于行政许可的范畴,根据法无授权不可为的行政管理思路,应适量减少行政审批事项,只有那些与国家安全、公共安全、公民生命财产安全关系重大的职业才适合以行政许可的形式设置职业准入门槛。权力清单是将行政许可公开化、可视化较为有效的工具。借鉴权力清单的思路,国家职业资格也可以实行目录清单制度,按程序报经国务院审定后,以人力资源和社会保障部名义向社会公布"国家职业资格目录清单"。但该清单并非固定不变,可以建立国家职业资格目录清单调整更新机制,根据外部环境的变化和社会发展的需要,对目录清单进行适时调整、动态更新。

5. 持证人管理

在准入考试合格的基础上,对持证人实行注册制管理。为实现对准入类职业的全过程监管,取得职业资格证书的申请人,须在行政主管部门或其授权委托的行业协会进行注册。相关机构以相关法律为依据,采取定期检查、不定期抽查、公众监督等方式对持证人的执业过程进行监督,并通过定期评比、通报表扬、荣誉奖励和警告、通报批评、罚款、吊销资格等方式对持证人的职业行为进行行为引导和监督约束。

6. 全国资格等级规范标尺体系

全国资格等级规范标尺体系可以由人力资源和社会保障部牵头发起,会同相关职能部门参与构建,形成具有全国指导意义的统一体系。各类主体提出的职业资格标准需向人力资源和社会保障部门提出申请,由政府部门指定的专业机构评估该资格标准对应等级在全国职业资格等级规范标尺中的相对位置,并对该结果进行官方认证和社会公示。以全国资格等级规范标尺体系作为公信力的来源,各类评价主体可以自主设计符合自身特色或符合行业总体趋势的职业资格评价标准,从而使相关标准更加契合用人主体需求。即使不同主体设计出的评价标准不统一,也可以通过与全国资格等级规范标尺体系对标,衡量出不同职业资格的相对社会价值。

但需要说明的是,全国资格等级规范标尺体系仅作为各类职业资格等级标准的价值性参照,在一定程度上反映不同职业资格的相对价值度。但该衡量结果也不是一成不变的,不同职业需要的知识、技能、能力会随时间的变化而有所调整,科学技术的广泛应用也可能改变很多职业的相对社会价值,从而影响其在等级规范标尺体系中的相对位置。各类职业资格评价主体可根据实际情况决定是否申请相对标准等级认证,也可以在认证结果效力周期结束后,根据实际需求重新申请相对等级评估。此外,作为一种相对社会价值的公示,其本质上是一种信息发布,该体系对各类社会主体仅具有参照作用,但并不具有强制性意义,不强制要求各用人单位以此建立相应的用人待遇标准,各用人单位可自主决定选人用人的实际标准和持证人的具体薪酬待遇。

二、 水平评价类职业资格的工作机制

水平评价类职业资格与劳动就业紧密相连,可为用人单位选人用人、劳动者求职就业和人才成长成才提供依据和支撑,是进行人力资源配置管理、提升人力资本质量的重要手段。

1. 评价主体的来源

从性质来说,水平评价类职业资格属于一种能力水平的鉴定和公示,较为适宜采取社会化职业等级认定,以市场化的标准对人才技术技能的使用性进行评价。因此,具备评价资质的行业协会可根据人才使用需求,组织专家团队设定符合自身需求的职业资格标准,开展水平评价类职业资格鉴定工作。

（1）行业协会等第三方组织

但由不同类型主体组织的水平评价类职业资格,代表了不同的评价角度,对全行业及用人单位来说,具有不同的使用价值。具体来说,由行业协会等第三方组织发起的水平评价类职业资格代表行业通用标准,兼顾行业中不同类型企业的通用性、普遍性、一般性需求,适合行业内大多数用人单位使用,尤其是那些没有自主评价条件的中小企业,适宜选择行业性组织的职业资格评价结果作用衡量人才技能水平的现实依据。由行业协会等第三方组织开展的职业能力等级认证,其认证结果效力范围可覆盖该协会所处的地域和行业。

（2）引领性用人单位

企事业单位是专业化人才的使用主体,应当对水平评价类职业资格标准具有高度的发言权。尤其是那些技术处于行业领先地位的企事业单位,其所采用的人才评价标准普遍高于行业的平均水平,代表本行业的前沿领先地位。因此,引领性用人单位也可以成为水平评价类职业资格的发起者和组织者。由这种类型评价主体发起的水平评价类职业资格应采取领先性标准和实用性标准,并可以面向全社会进行公益性职业能力等级鉴定,以形成行业高标准的人才认证体系。其认证结果不仅可以供本单位内部人力资源管理使用,还可以作为一种信息公示,供同行业其他企业或单位采信或参考。

2. 主体资质许可

由于水平评价类职业资格的评价主体来源比准入类职业资格更加广泛,

为了防止职业资格证书过多过烂,也为了提高社会化评价的质量、水平与成效,需要实行评价主体许可制度。评价主体需要满足一定的前置性条件,例如,具备人才评价领域的专业化技术和团队,掌握所在领域权威专家的动态数据等。建立评价主体资格主动申请制度。符合资质条件的行业组织可向人力资源和社会保障部门申请职业资格评价主体资格。人力资源和社会保障部门应会同业务主管部门对各类主体的评价资质进行评估,实行总体数量可控的许可制度。对符合要求的行业组织发放职业资格评价许可,许可其开展相关领域的职业资格评价活动。人力资源和社会保障部可对职业资格评价主体进行动态管理,定期向社会发布职业资格评价主体清单,包括正向激励的"白名单"和惩戒警示的"黑名单"。

3. 评价标准的形成

为了充分确保人才评价的自主权,水平评价类职业资格相应的等级与评价标准由评价主体自行组织专家团队设计形成。由行业协会等第三方组织制定职业资格评价标准应充分征求行业内大企业、中小企业、事业单位、工会、业务主管部门等利益相关方的意见。行业引领性用人单位组织开展的职业资格评价,有充分的标准制定自主权,可结合内部专家团队、外部专家团队的意见,形成职业资格的等级、标准及维度。政府相关主管部门不干预水平评价类职业资格标准的制定过程,评价主体仅需将等级及关键指标报人力资源和社会保障部门备案。

4. 评价与发证

凡获得职业资格评价主体许可资格的行业组织可在许可范围内,面向社会公开开展水平评价类职业资格评价工作,并在政府指导价格的框架下,适当收取考试评价费用。申请人自愿申请参加水平评价类职业资格评价,并缴纳相应的评价认证费用。任何组织和个人不得强制劳动者参加收费性质的水平评价类职业资格考试。

各类具备资质的评价主体,可对申请人申请鉴定的职业能力等级进行评价和认证,并颁发由该机构落款盖章的认证证书。水平评价类职业资格仅作为申请人当前职业能力水平的衡量和认证,是一种社会化市场行为。政府相关业务主管部门不直接干预职业资格评价的具体过程,但对水平评价类职业资格的评价主体负有主体监管责任。

5. 持证人管理

水平评价类职业资格采取备案制度,具备评价资质的主体可将年度的水平类职业资格评价结果名单及其对应的等级向当地省级人力资源和社会保障部门备案,可作为当地认定、选拔、奖励人才的参考依据。水平评价类职业资格不具有法律强制性,不得作为从事某一职业或工作的强制性条件。对市场评价良好、社会认可度高的水平评价类职业资格,政府可依法追认其效力,通过相关人才政策,给予持证人相应层次的人才待遇。

对使用假资格证书的,一经查实,按弄虚作假、骗取资格处理,5 年内不得申请认定任何职业资格,由人力资源和社会保障部门或业务主管机关没收假证书。对变造、买卖职业资格证书的,依法追究法律责任。

三、 政府主管部门的监督管理机制

1. 评价主体资质许可制度

无论是准入类职业资格还是水平评价类职业资格,均可实行评价主体许可制度。人力资源和社会保障部门应会同业务主管部门对各类主体的评价资质进行评估,对符合要求的行业组织发放职业资格评价许可,许可其开展相关职业资格评价活动。

2. 定期评估主体资格的机制

实行主体资格定期检查评估制度。建立"谁评价、谁发证、谁负责"的运行机制,建设事中、事后监管,建立可负责、可问责的监管体系。人力资源和社会保障部门应于每三年至五年为一个周期,对已获得评价资格的主体进行资质审查、评比。严肃查处寻租行为,对于评价过程中的违规违纪行为,严格按照《专业技术人员资格考试违纪违规行为处理规定》进行处罚,对在认证中徇私舞弊、弄虚作假、违反公正诚信的组织,将采取一票否决制,直接吊销其评价主体资格。

3. 采取参与人利益回避机制

参与职业资格评价的所有个人应严格遵守保密规定,在保密期内不得参与培训辅导工作或参加考试。任何个人不得在职业资格评价活动中谋取不正当利益,对违反保密原则和利益回避原则的个体,将依照国家法律,视情节严重程度,处以警告、通报批评、罚款、没收非法所得等行政处罚,对情节特别严重、触犯刑法的,由有关部门追究刑事责任。

4. 实施考培分离机制

为防止任何组织或个人在职业资格评价过程中谋取不正当利益,确保职业资格评价的公正性,职业资格评价主体不可作为职业资格培训主体。职业资格申请人自愿参加考前培训,且考前培训不作为职业资格评价的依据。任何组织和个人不得以任何形式强制申请人参加收费性质的考前培训。具有培训资质的培训机构可开展相关职业技术教育培训,其培训效果应由第三方评价认证机构进行考评认证,认证机构的评价过程及结果应接受培训机构和利益相关人员的监督与反馈,形成相互制衡的治理格局。

5. 公众监督与意见反馈机制

任何用人单位和个人可对各类职业资格证书进行匿名举报。对评价过程中存在的舞弊行为、职业资格含金量不高、认证结果与劳动者实际职业能力严重不符等情形,可向人力资源和社会保障部门反映情况,人力资源和社会保障部门将会同相关业务主管部门对举报情况进行核查,一经查实,将吊销相关机构的评价主体资质,涉事个人将纳入个人征信名单。以此来约束职业资格评价主体的客观公正性,由市场来检验评价的公正性与实用性。

6. 建立"白名单"与"黑名单"信息公示制度

采用清单式管理,定期向社会发布职业资格评价主体清单,建立"白名单"与"黑名单"信息公示制度。其中,"白名单"作为一种激励与宣传方式,向社会展示相关职业资格评价主体及其所评价职业资格的社会认可度。"黑名单"作为一种警示与惩戒,向社会公众展示不被市场和政府认可、存在问题的"假评价主体""问题评价主体""伪职业资格证书",防止公众上当受骗。

第三节　调动职业资格评价主体积极性的关键举措

职业资格评价体系的构建只是万里长征的第一步。在科学的体系下,还需把握各类职业资格评价主体的运作机制,充分调动主体积极性,以确保职业资格评价工作有序、高效、科学进行。

一、完善行业协会有效运行的关键措施

行业协会处于协调行业主体利益的关键节点,在承担职业资格评价职能上具有先天优势。然而,我国的行业协会在一定程度上仍然过度依赖政府,存在会员代表性不高等问题,需要政府相关部门的阶段性扶持和有效引导。为了促进行业协会的健康发展,推动行业协会更好地承担职业资格评价职能,需要考虑采取相应的措施,解决行业协会承担职业资格职能的体制机制局限。

1. 制定专门法律明确行业协会的法律地位

尽管《社会团体登记管理条例》规定了行业协会的权利与义务,但该条例并非针对行业协会的专门规定。行业协会与其他社会团体存在着本质的区别,如上文所提到的"特殊普遍性",即行业协会代表的利益可能局限在行业内部、会员内部,更广泛的普遍利益与小范围的"普遍利益"可能会出现冲突。《社会团体登记管理条例》难以考虑到行业协会的特殊性,因此其中的相关管理措施和办法可能不适合行业协会发展的实际情况。

从国际经验来看,德国的《工商会法》使工商会在履行法律授权和政府委托职能的过程中,具有像政府一样的公权力,且这种权力以正式的法律依据为基础,能够对参与者的具体行为进行监督和协调。我国准入类的职业资格,其评价主体行业协会要具有与政府类似的权威性,需要通过法律授权获得权威性。建议由全国人大常委会制定《行业协会法》,把行业管理中非宏观经济活动的管理职能通过法律授权转移给行业协会,使行业协会具有相关审批、职业资格的评定与考核、价格制定与协调、行业技术标准与服务技术标准制定、奖惩等权力,以一部专门性法律具体监督和指导行业协会的运行,为行业协会承担职业资格职能提供法律意义上的授权、监督约束和行为参照。

2. 加强行业协会自身能力建设

从国际经验来看,美、英、德、日等发达国家的行业协会具有较强的自主性,这是行业协会承担职业资格职能的现实基础。我国的行业协会多脱胎于政府的行业管理部门,其资金、人员、办公场地等日常运行所需的条件均由政府提供。尽管政府与行业协会之间的隶属关系已经在制度层面加以调整,但实际上的权责关系并没有因此而改变。很多行业协会习惯于向上负责,而不对会员负责,导致一些行业协会在会员中缺乏权威性和号召力。这是行业协会承担职业资格职能的最大阻碍。

行业协会需要苦练内功,加强自身能力建设,尤其要加强在会员中的代表性、组织力与号召力。尤其针对水平评价类职业资格,行业协会应当将日常职权与职业资格管理职能相结合,不依赖政府的特别授权,善用行业协会的常规权力,形成职业资格评价工作的常态化机制,使职业资格评价职能成为行业协会存在的价值基础与不可替代的独特职能。

政府应进一步加强对行业协会的宏观指导,从人事制度上确立行业协会的自主地位,指导行业协会建立法人机制。通过会员代表大会选举产生理事会,常务理事会由会员企业的代表担任,会长或秘书长向外公开招聘专职人员负责行业协会的日常运营事务,使行业协会从根上具备自我管理、自我规范和自我服务的意识和能力。

二、 深刻挖掘各类主体承担职业资格职能的动力机制

就目前阶段而言,职业资格职能是很多行业协会业务范围之外的职能,对于如何承担该职能并没有主动认识。根源在于,职业资格职能无论与行业协会的组织目标还是与工作人员的切身利益都没有建立起足够的衔接。行业协会除了收取会员会费之外,还可以通过信息服务、技术服务等途径向会员或接受服务者收取费用。但行业协会属于非营利性法人,不以营利为目的,刨除运营成本之后的盈余,不能用作内部人员的收入分配,只能用于组织的再发展。但事实上,若想承担好信息咨询、技术咨询、管理咨询,乃至职业资格评价职能,没有一支专业化人员组成的队伍是无法实现的。但如果人员的收入待遇相对固定,与其实际工作量并无关联,根本无法激发工作人员承担额外职能的积极性。从另一个角度讲,职业资格评价职能具有准公共产品的性质,属于公共服务职能,如果没有适合的工作人员来承担,无疑会对社会整体福利产生抑制影响。

因此,建议建立健全职业资格评价的激励保障制度,对于具有评价主体资质的非营利性组织(行业协会),允许其将职业资格评价收入结余的10%(具体

比例应经过科学论证后确定）用于内部人员奖励。在年度优秀行业协会评选中，将承担职业资格职能赋以一定权重。从动力机制角度，充分调动行业协会承担职业资格评价职能的积极性。同时，也建议针对具有评价主体资质的营利性组织的职业资格评价活动的相关收入，也给予一定比例（例如1%）的税收优惠等政策激励。

三、 分阶段进行政策引导，营造良好社会氛围

各类组织、机构对承担职业资格职能的意愿不高，一方面是因为一些体制机制的堵点没有打通，另一方面是因为各类评价主体的思想顾虑还没有解除。同时，社会各界对有关社会组织、民间机构开展的职业资格认可度还不高。无论是人才个体还是用人单位，都更加认可由政府直接开展以及由政府背书的职业资格评价活动，而对那些由民间机构、行业协会组织开展的社会化职业等级评价持谨慎的态度。政府作为更可靠公信力的来源被广泛认可，民间机构或行业协会的专业技术权威仍有待进一步树立。这是改革需要经历的必然阶段。

随着政府职能转变，由政府直接组织开展的职业资格评价将逐渐成为过去式，鼓励民间性组织开展职业资格评价将成为未来的主流趋势。即便如此，也不可操之过急，应当结合职业资格评价体制机制改革的阶段性特征，有计划、分步骤地进行政策引导，加强政策宣传，推动社会舆论，以形成各类主体积极参与职业资格评价工作的社会氛围。

1. 过渡阶段：确立典型案例，形成正面示范效应

以培育社会信心为主，通过政府的正式授权委托或以法律形式为基础进行合法性公示，将较为成熟的职业资格评价职能正式转移给具有一定规模和资质的行业协会组织，将社会对政府公权力的信任延伸到政府授权的行业协

会,树立由第三方组织开展职业资格评价工作的正面典型,增强社会公众、专业化人才、用人单位对由行业协会开展职业资格评价活动的信任度和认可度。

2. 规范化阶段:明确制度规则,划清纪律底线,进行警示宣传

在第一阶段正面引导、树立信息的基础上,第二阶段需要建立由行业协会开展职业资格评价活动的制度化环境,建立评价主体的规则意识与底线原则,指导评价主体依法依规开展相关评价活动。同时,面向职业资格评价主体和社会大众开展警示教育,对机构开展职业资格评价活动的负面典型进行警示宣传,增强行业协会开展职业资格评价活动的法治规范程度。

3. 常态化阶段:建立意见收集与沟通反馈机制

在常态化阶段,社会各界对社会主体开展职业资格评价活动已经完全接纳和认可,为了推动其常态化运行,不断提升职业资格评价的效率与质量,应建立起意见征集与沟通反馈机制,一方面是为了切实解决各类主体在承担职业资格评价工作中的各类难题,另一方面也是为了更好接受来自社会公众的监督,以市场化机制高效监督保障职业资格评价工作的有效开展。

参考文献

［1］习近平:《高举中国特色社会主义伟大旗帜 为全面建设社会主义现代化国家而团结奋斗——在中国共产党第二十次全国代表大会上的报告》,载《党的二十大报告辅导读本》,人民出版社2022年版。

［2］习近平:《加快建设科技强国,实现高水平科技自立自强》,载《论科技自立自强》,中央文献出版社2023年版。

［3］习近平:《深入实施新时代人才强国战略 加快建设世界重要人才中心和创新高地》,载《论科技自立自强》,中央文献出版社2023年版。

［4］习近平:《在全国组织工作会议上的讲话》,载《十八大以来重要文献选编(上)》,中央文献出版社2014年版。

［5］习近平:《在中国科学院第十九次院士大会、中国工程院第十四次院士大会上的讲话》,载《论科技自立自强》,中央文献出版社2023年版。

［6］习近平:《第四批全国干部学习培训教材〈序言〉》,《人民日报》2015年2月28日。

［7］习近平:《在全国人才工作会议上的讲话》,《人民日报》2010年5月27日。

［8］本书编写组:《聚天下英才而用之——学习习近平关于人才工作重要论述的体会》,中国社会科学出版社、党建读物出版社2017年版。

［9］陈寒:《行业协会自治权利保障研究》,南京师范大学硕士论文2017年。

［10］陈浩、刘民慧:《我国执业资格制度体系框架研究——国家专业技术人员管理方式的转变》,《科研管理》1999年第20卷第5期。

［11］陈静:《英国资格与学分框架运行体系及特点》,《现代教育管理》2014年

第 11 期。

[12] 陈潇:《关于推动职业资格评价信息化建设的探索》,《劳动保障世界》2019 年第 35 期。

[13] 程德宝、沈琳、林玥茹:《英国职业资格证书考核评价的特点与启示——以汽修专业 IMI 证书为例》,《机械职业教育》2019 年第 6 期。

[14] 戴茵:《非对称信息下职业资格认定中政府介入行为的问题与对策》,国防科学技术大学硕士论文 2006 年。

[15] 单天洪:《日本专业资格与技能资格的职业准入制度研究》,《机械职业教育》2017 年第 4 期。

[16] 党评文:《坚定走好人才自主培养之路》,《学校党建与思想教育》2021 年第 19 期。

[17] 邓小华:《国家资格分级的技术逻辑研究》,天津大学博士论文 2018 年。

[18] 邓志军、李艳兰:《论德国行业协会参与职业教育的途径和特点》,《中国职业技术教育》2010 年第 19 期。

[19] 董晗:《从业人员资格证书管理制度中的政府与非营利组织分工合作研究——以浙江省食品药品行业为例》,浙江师范大学硕士论文 2015 年。

[20] 范巍:《关于"职称"和"职业资格"制度的几个观点》,《今日科苑》2016 年第 1 期。

[21] 范巍:《人才分类评价制度的深度改革》,《中国组织人事报》2021 年 1 月 25 日。

[22] 范巍:《水平评价类技能人员职业资格退出职业资格目录有关政策的解读》,《中国组织人事报》2020 年 6 月 18 日。

[23] 范巍:《专业技术人才职业资格制度和职业标准》,党建读物出版社 2016 年。

[24] 范巍、蔡学军:《职称制度改革任重道远》,《中国人力资源社会保障》2017 年第 5 期。

[25] 范巍:《形成以市场为导向的技能人才培养使用机制》,《中国组织人事报》2020 年 7 月 2 日。

[26] 方晓东、董瑜、周君璧:《法国智库提出人才评价新倡议》,《中国人才》2023 年第 6 期。

[27] 傅新民:《校企合作影响因素的二维分类梳理与新探》,《职教论坛》2015 年第 9 期。

[28] 甘宇慧、侯胜超、邹立君:《政策工具视角下我国科技人才评价政策文本分析》,《科研管理》2022 年第 3 期。

[29] 高育奇:《德国职业教育的特色及其对我国职业教育的启示》,《教育与职业》2007 年第 21 期。

[30] 广州市人才工作领导小组办公室:《用好人才评价指挥棒》,《中国人才》2021 年第 6 期。

[31] 郭薇:《政府监管与行业自律——论行业协会在市场监管中的功能与实现条件》,南开大学博士学位论文 2010 年。

[32] 郭伟萍、刘春生:《英国职业资格证书制度的产生、发展及其对中国职业教育的启示》,《未来与发展》2006 年第 1 期。

[33] 郭霞:《英国资格与学分框架(QCF)研究》,天津大学硕士学位论文 2016 年。

[34] 韩舒文:《中、澳两国职业资格证书制度比较研究》,河北师范大学硕士论文 2013 年。

[35] 韩巍:《职业资格框架改革:目标、模式与原则》,《人力资源开发》2016 年第 3 期。

[36] 何增科:《国家和社会的协同治理——以地方政府创新为视角》,《经济社会体制比较》2013 年第 5 期。

[37] 洪向华:《深化职称改革的对策建议》,《中国党政干部论坛》2012 年第 10 期。

［38］侯自芳：《我国职业资格制度人才评价体系研究》，国防科学技术大学硕士论文 2006 年。

［39］姬养洲、郑俐：《分类推进人才评价机制改革的重点、难点分析与思考》，《中国人事科学》2018 年第 5 卷第 5 期。

［40］吉富星、崔雨阳、张菲尔：《新时代高校高层次人才评价的逻辑和路径研究》，《国家教育行政学院学报》2023 年第 5 期。

［41］姜大源：《职业教育学研究新论》，教育科学出版社 2007 年。

［42］蒋华林：《人工智能聊天机器人对科研成果与人才评价的影响研究——基于 ChatGPT、Microsoft Bing 视角分析》，《重庆大学学报》（社会科学版）2023 年第 2 期。

［43］井辉、范雨薇：《区块链技术在人才评价领域的应用模式研究》，《科技和产业》2023 年第 23 卷第 5 期。

［44］李敏谊、姚云：《国家职业资格证书制度的国际比较》，《大学》（学术版）2010 年第 9 期。

［45］李明甫：《职业教育：经济发展的柱石——德国盛产高技能人才的秘诀》，《中国劳动》2005 年第 8 期。

［46］李文静、邓春梦：《国际比较视阈下职业教育教师准入制度研究》，《职教论坛》2023 年第 39 卷第 2 期。

［47］郦解放、陈衍泰、池仁勇：《高校科技人才评价：组织场域视角的治理路径》，《中国高校科技》2023 年第 1 期。

［48］梁上上：《论行业协会的反竞争行为》，《法学研究》1998 年第 4 期。

［49］刘程程、邢占军：《日本国家职业资格考试概述及其启示》，《中国考试》2012 年第 9 期。

［50］刘程程：《日本职业资格制度概述及其对我国的启示》，山东大学硕士学位论文 2013 年。

［51］刘孟州：《日本职业资格考试制度的现状及对我们的启示》，《日本问题研

究》1998 年第 3 期。

[52] 刘昱辰:《欧洲劳动力市场"灵活保障"模式再探究——以荷兰、法国和德国为例》,《欧洲研究》2020 年第 1 期。

[53] 鲁篱:《论非法律惩罚——以行业协会为中心展开的研究》,《河北大学学报》(哲学社会科学版)2004 年第 5 期。

[54] 鲁篱:《行业协会经济自治权研究》,法律出版社 2003 年版。

[55] 鹿斌、周定财:《国内协同治理问题研究述评与展望》,《行政论坛》2014 年第 1 期。

[56] 吕尚敏:《职业资格许可的设定范围研究》,《广西大学学报》(哲学社会科学版)2017 年第 39 卷第 4 期。

[57] 吕忠民:《职业资格制度概论》,中国人事出版社 2011 年。

[58] 马雪松:《结构、资源、主体:基本公共服务协同治理》,《中国行政管理》2016 年第 7 期。

[59] 苗月霞:《日本职业资格管理制度的经验及借鉴》,《国际人才交流》2010 年第 3 期。

[60] 倪小敏、倪晓红、范璐璐:《职业资格认证市场的英国模式:重塑、特征与启示》,《浙江社会科学》2022 年第 11 期。

[61] 欧树军:《国家基础能力的基础:认证与国家基本制度建设》,中国社会科学出版社 2013 年。

[62] 彭振宇:《我国职业资格证书制度的历史回溯及述评》,《中国职业技术教育》2021 年第 19 期。

[63] 秦晖:《政府与企业之外的现代化——中西公益事业史比较研究》,浙江人民出版社 1999 年。

[64] 申慧林:《高职院校学生职业资格准入路径研究》,西北农林科技大学硕士论文 2012 年。

[65] 沈雕:《英国"普职融合"的资格证书框架体系研究》,西南大学博士学位

论文 2017 年。

[66] 石金涛、陈琦:《职业资格制度的发展:人力资本理论的观点》,《科学管理研究》2003 年第 6 期。

[67] 时蔓:《高职教育与职业资格证书制度结合的研究》,天津大学硕士论文 2008 年。

[68] 孙丽军:《行业协会的制度逻辑》,复旦大学博士论文 2014 年。

[69] 孙锐、吴江:《创新驱动背景下新时代人才发展治理体系构建问题研究》,《中国行政管理》2020 年第 7 期。

[70] 孙淑红:《浅议高等职业教育双证互通机制》,《职业》2016 年第 11 期。

[71] 孙一平、戴丽静:《让人才评价"指挥棒"更有效用——解读〈关于分类推进人才评价机制改革的指导意见〉》,《中国人力资源社会保障》2018 年第 4 期。

[72] 唐慧、王继平、刘锦:《我国技能人才评价制度的历史演进、当下构建及逻辑发展》,《职业技术教育》2022 年第 43 卷第 13 期。

[73] 陶建明:《建设行业执业资格制度的国际比较研究》,《建筑经济》2002 年第 10 期。

[74] 田军、刘阳、周琨等:《陕西省科技人才评价指标体系与评价方法构建》,《科技管理研究》2022 年第 4 期。

[75] 田培杰:《协同治理概念考辨》,《上海大学学报》(社会科学版)2014 年第 31 卷第 1 期。

[76] 童天:《建立分类分层的技能人才评价机制》,中国组织人事报,2020 年 6 月 30 日。

[77] 王建朝:《创新评价机制激发人才活力——吉林省职称制度分类改革综述》,《劳动保障世界》2015 年第 28 期。

[78] 魏华颖、宋嘉菲:《人才工作视角下我国职业资格体系的优化建议》,《中国行政管理》2022 年第 7 期。

[79] 吴江、张敏:《重新审视规制框架重在提高规制能力》,《理论探讨》2012年第3卷。

[80] 吴江:《科学评价是用好人才的基础》,《光明日报》2016年3月31日。

[81] 吴江:《学习习近平人才思想,加快建设人才强国》,《人才研究》2017年。

[82] 吴江:《深化职称制度改革释放人才红利》,《南方企业家》2017年第3期。

[83] 西宝、陈瑜、姜照华:《技术协同治理框架与机制——基于"价值—结构—过程—关系"视角》,《科学学研究》2016年第34卷第11期。

[84] 萧鸣政、陈新明:《中国人才评价制度发展70年分析》,《行政论坛》2019年第26卷第4期。

[85] 徐家良:《双重赋权:中国行业协会的基本特征》,《天津行政学院学报》2003年第1期。

[86] 徐家良:《互益性组织:中国行业协会研究》,北京师范大学出版社2010年。

[87] 许冰冰:《德国职业资格证书制度研究》,天津大学硕士论文2010年。

[88] 亚玫、樊晓光:《日本"职业段位"制度的背景与特点》,《职业技术教育》2012年第33卷第14期。

[89] 杨良玖、易宣:《我国职业资格证书制度的生成与变革》,《企业技术开发》2006年第9期。

[90] 杨宇:《行业协会概念辨析》,《皖西学院学报》2007年第3期。

[91] 佚名:《国务院新取消61项职业资格》,《劳动保障世界》2016年第4期。

[92] 佚名:《日本经济迅速发展商会作用不可替代》,《中国商人》2010年。

[93] 于海:《行业协会与社会中间结构》,载范丽珠:《全球化下的社会变迁与非政府组织(NGO)》,上海人民出版社2003年。

[94] 余晖:《行业协会的权力来源及其约束》,《中国经济时报》2001年2月23日。

[95] 余晖:《行业协会及其在中国转型期的发展》,《制度经济学研究》2003 年第 1 期。

[96] 余晖:《行业协会组织的制度动力学原理》,《经济管理》2001 年第 4 期。

[97] 余晖等:《行业协会及其在中国的发展:理论与案例》,经济管理出版社 2002 年版。

[98] 袁景蒂:《高校科研人才评价理论·反思·重构——基于工具理性与对话理性的视角》,《中国科技论坛》2022 年第 3 期。

[99] 袁娟:《日本知识产权管理工程师职业资格制度研究》,《科技与法律》2009 年第 80 卷第 4 期。

[100] 张淑芳:《职业资格证治理法治化研究》,《东方法学》2017 年第 5 期。

[101] 张小雷:《中德企业参与职业教育的比较研究》,辽宁师范大学硕士论文 2008 年。

[102] 张雪红:《德国职业资格证书分类系统对我国资格证书建设的启示》,《世界职业技术教育》2004 年第 5 期。

[103] 赵宁、蔡学军、范巍:《求解非公领域职称评价难题》,《中国组织人事报》2014 年 10 月 31 日。

[104] 赵宁:《非公组织专业技术人员评价研究》,党建读物出版社 2017 年版。

[105] 周凤华:《德澳美三国行业组织与职业教育》,《中国职业技术教育》2009 年第 25 期。

[106] 周光明:《职业资格许可制度研究》,《湖南社会科学》2006 年第 2 期。

[107] 《中华人民共和国行政许可法》,载中国人大网 http://www.npc.gov.cn/npc/c30834/201905/64f52a065d3142ae92d95fa860e2f0e0.shtml,2019 年 5 月。

[108] 中共中央办公厅、国务院办公厅:《关于分类推进人才评价机制改革的指导意见》,载中国政府网 http://www.gov.cn/zhengce/2018-02/26/content_5268965.html,2018 年 2 月 26 日。

［109］中华人民共和国教育部:《教育部关于〈中华人民共和国职业教育法修订草案(征求意见稿)〉公开征求意见的公告》,载中国政府网 https://www.gov.cn/xinwen/2019-12/08/content_5459462.html, 2019 年 12 月 8 日。

［110］国务院办公厅:《国务院办公厅关于清理规范各类职业资格相关活动的通知(国办发〔2007〕73 号)》,载中国政府网 https://www.gov.cn/gongbao/content/2008/content_884758.html, 2008 年 4 月 30 日。

［111］中华人民共和国人力资源和社会保障部:《职业资格证书制度暂行办法》(人职发〔1995〕6 号),载中华人民共和国人力资源和社会保障部网站 https://www.mohrss.gov.cn/xxgk2020/fdzdgknr/qt/gztz/201411/t20141117_144384.html, 1995 年 1 月 17 日。

［112］中华人民共和国人力资源和社会保障部:《行业组织有序承接专业技术人员水平评价类职业资格具体认定工作实施办法(试行)(人社部发〔2016〕3 号)》,载中国人力资源和社会保障部网站, https://www.mohrss.gov.cn/xxgk2020/fdzdgknr/zcfg/gfxwj/rcrs/201702/t20170222_266706.html, 2016 年 1 月 8 日。

［113］《中华人民共和国证券法》,载中国政府网 https://www.gov.cn/xinwen/2019-12/29/content_5464866.html, 2019 年 12 月 29 日。

［114］国家经贸委:《关于加快培育和发展工商领域协会的若干意见(试行)(国经贸产业〔1999〕1016 号)》,《中国电力企业管理》1999 年第 7 期。

［115］国务院办公厅:《职业技能提升行动方案(2019—2021 年)(国办发〔2019〕24 号)》,载中国政府网 http://www.gov.cn/zhengce/content/2019-05/24/content_5394415.html, 2019 年 5 月 24 日。

［116］国务院:《国务院关于发布〈关于实行专业技术职务聘任制度的规定〉的通知(国发〔1986〕27 号)》,载中国政府网 https://www.gov.cn/zhengce/zhengceku/2012-09/21/content_7398.html, 2012 年 9 月 21 日。

[117] Cedefop, *The dynamis of qualifications: defining and renewing occupational and educational standards*, Luxembourg: Office for Official, Publications of the European Communities, 2009.

[118] George P. Lamb and Sumner S. Kittelle, *Trade Association Law and Practice*, Boston, Mass.: Little Brown, 1956.

[119] Joseph F. Bradley, "The Role of Trade Associations and Professional Business Societies in America," *Social Force*, Vol.44, No.3, 1966.

[120] Margot Priest, "The privatization of regulation: five models of self-regulation Office of Qualifications and Examinations Regulation. Guidance: Qualification descriptions," https://www.gov.uk/government/publications/types-of-regulated-qualifications/qualification-descriptions, 2015-10-29.

[121] Elinor Ostrom, "A Behavioral Approach to the Rational Choice Theory of Collective Action," *American Political Science Review*, Vol.92, No.1, 1998.

[122] QCA, *Arrangements for the statutory regulation of external qualifications in England*, Wales and Northern Ireland, 2000.

[123] "Qualification and Component Levels," https://www.gov.uk/what-different-qualification-levels-mean/list-of-qualification-levels, 2016-10-22.

[124] Qualifications and Curriculum Development Agency, "Report Referencing The Qualifications Frameworks of The United Kingdom to The European Qualifications Framework," http://dera.ioe.ac.uk/10054/, 2012-07-03.

[125] Ring Peter Smith and Andrew H. Van de Ven, "Development Processes of Cooperative Interorganizational Relationships," *Academy of Management Review*, Vol.19, No.1, 1994.

[126] John C. Ruhnka and Heidi Boerstler, "Governmental Incentives for Corporate Self-regulation," *Journal of Business Ethics*, No.17, 1998.

[127] Peter Grajzl and Peter Murrell, "Allocating Lawmaking Powers: Self-regula-

tion vs. Government Regulation," *Journal of Comparative Economics*, Vol.35, No.3, 2007.

[128] Renee de Nevers, "(Self) Regulating War?: Voluntary Regulation and the Private Security Industry," *Security Studies*, Vol.18, No.3, 2009.

[129] Thomson Ann Marie, "AmeriCorps Organizational Networks on the Ground: Six Case Studies of Indiana AmeriCorps Programs". See in *Collaboration: Meaning and Measurement*, Indiana University-Bloomington Ph. D. diss, 2001.

[130] Thomson A. M. and Perry J. L., "Collaboration Processes: Inside the Black Box," *Public Administration Review*, Special Issue, 2006.

图书在版编目(CIP)数据

我国职业资格评价体系优化研究 ：基于政府—协会
—企业协同的视角 / 孙美佳著. -- 上海 ：上海人民出
版社，2025. -- ISBN 978-7-208-19361-1

Ⅰ. C975

中国国家版本馆 CIP 数据核字第 20256HY463 号

责任编辑　吕桂萍
封面设计　谢定莹

我国职业资格评价体系优化研究
——基于政府—协会—企业协同的视角
孙美佳 著

出　　版　上海人民出版社
　　　　　（201101　上海市闵行区号景路 159 弄 C 座）
发　　行　上海人民出版社发行中心
印　　刷　上海商务联西印刷有限公司
开　　本　720×1000　1/16
印　　张　14.75
插　　页　2
字　　数　198,000
版　　次　2025 年 3 月第 1 版
印　　次　2025 年 3 月第 1 次印刷
ISBN 978 - 7 - 208 - 19361 - 1/C・735
定　　价　68.00 元